아들아, 너는 인생을 이렇게 살아라

Letters to my Son by Kent Nerburn
Copyright © 1994 by Kent Nerburn
Korean translation copyright © 2010 The Reader Press, Korea
Original English language publication 1994
by New World Library in California, USA
through Best Literary&Rights Agency, Korea
All rights reserved

아들에게 들려주는 사랑과 인생의 지혜

아들아, 너는 인생을 이렇게 살아라

| 켄트 너번 지음 • 하지연 옮김 |

책

아들 니콜라스에게

그리고

.

.

.

이 세상 모든 아버지들에게

| 추천의 글 |

우리 모두에게 필요한 사랑과 성 그리고 인생 이야기

사람은 성장하는 동안 훌륭한 충고를 필요로 합니다. 또한 기쁨과 고통으로 점철된 지난 세월을 회상하며 그 시절의 부모와 친구들의 목소리를 그리워하기도 합니다. 켄트 너번은 길을 잃고 헤매는 우리에게 바로 그런 존재가 되어줍니다. 그가 아들에게 쓴 편지이자 우리 모두에게 보내는 이 책은, 인생이 늘 편안하고 즐거운 것은 아니지만 그 모두가 사실은 소중한 선물임을 가르쳐주고 있습니다.

우리가 살아가고 있는 이 시대에는 옳고 그름을 판단하는 목소리가 매우 약합니다. 모두가 서로 책임을 회피하기 때문이지요. 그래서 그 누구도 '인생을 이렇게 살아야 한다'고 알려주지 않습니다. 이런 시대에 켄트 너번은 상처받는 것을 두려워하지 않고 당당히 일어나 가슴속의 이야기를 풀어놓는, 결코 흔치 않은 사람입니다. 그는 우리 모두에게 자신의 확고한 믿음을 거리낌 없이 보여주는 동시에 무거운 질문을 던집니다. 그러나 그에 대한 해답까지 알려주지는 않습니다. 현명하고 다정한 친구처럼 우리의 손을 이끌고 나아가 우리 스스로 진리에 다다를 수 있도록 안내할 뿐이지요.

《아들아, 너는 인생을 이렇게 살아라》는 켄트 너번의 경험과 그 경험을 통해 얻은 값진 진리가 담긴 책입니다. 이 아름답고 감동적인 글은 우리가 인생을 영위할 때 부딪힐 수 있는 문제들을 놀라우리만치 솔직하고 정확하게 전달합니다. 부디 당신도 그의 말에 귀를 기울여 인생의 진정한 진리를 찾기 바랍니다.

리처드 칼슨 _《우리는 사소한 것에 목숨을 건다》저자

| 차 례 |

추천의 글 :: 006
글을 시작하며 :: 010
프롤로그 :: 014

우리에 대하여 *About Us* :: 020
배움에 대하여 *About Learning* :: 024
일에 대하여 *About Work* :: 030
소유에 대하여 *About Possession* :: 040
베풂에 대하여 *About Giving* :: 050
재산에 대하여 *About Fortune* :: 056
여성과 남성에 대하여 *About Women & Men* :: 073
사랑에 대하여 *About Love* :: 080
성의 신비에 대하여 *About Mystery of Sex* :: 085
사랑하는 것에 대하여 *About Loving Someone* :: 091
옛사랑에 대하여 *About an Old Love* :: 100
결혼에 대하여 *About Marriage* :: 106
정절에 대하여 *About Chastity* :: 114

술에 대하여 *About Alcohol* :: 119

고통과 슬픔에 대하여 *About Pain & Sorrow* :: 125

아버지에 대하여 *About a Father* :: 131

남자다움에 대하여 *About Manhood* :: 140

힘에 대하여 *About Power* :: 148

싸움에 대하여 *About a Fight* :: 162

전쟁에 대하여 *About an War* :: 168

믿음과 종교에 대하여 *About a Faith & Religion* :: 176

외로움과 고독에 대하여 *About Loneliness & Solitude* :: 185

스포츠에 대하여 *About Sports* :: 193

여행에 대하여 *About a Journey* :: 199

뜻밖의 순간에 대하여 *About an Unexpected Moment* :: 213

열린 마음에 대하여 *About an Open Mind* :: 219

예술에 대하여 *About Art* :: 229

아버지가 되는 것에 대하여 *About Being a Father* :: 234

노년의 짐에 대하여 *About a Burden in Senescence* :: 238

노년의 선물에 대하여 *About a Present of Senescence* :: 243

죽음에 대하여 *About Death* :: 249

| 글을 시작하며 |

내 아들과
이 세상 모든 아버지의 아들들에게

내가 이런 책을 쓰게 될 줄은 정말 몰랐습니다. 이미 세상에는 위대한 도덕론과 훌륭한 관점을 담은 책들이 너무도 많기에, 거기에 굳이 내 이름까지 보탤 필요가 없다고 여겼지요. 하지만 중년의 어느 날 내 안의 모든 세계가 바뀌었습니다. 그 계기는 다름 아닌 아들의 출생이었습니다. 오랫동안 가슴에 품어온 온갖 복잡한 의문들이 아들의 눈 속에서 되살아나기 시작하더군요. 홀로 인생의 난관을 헤쳐나가야 하는 갓난아이가 제 앞에서 버둥거리고 있었습니다. 그리고 그 아이를 인생의 바른길로 안내하는 것이 나의 의무라는 확신이 들었습니다.

아직은 그 일이 어렵지 않습니다. 지금은 아이의 세계가 그리 넓지 않으니 언제든 아들의 손을 잡고 이끌어줄 수 있으니까요. 하지만 머지않아 아들은 혼자서 이 세상을 헤쳐나가게 될 것입니다. 그때가 오면 아이들은 어디서 다시 따듯한 손길을 찾을 수 있을까요? 그 생각으로 세상을 둘러보던 나는 갑자기 우울해지고 말았습니다. 이 세상은 모순과 시기, 편견들로 가득 차 있었기 때문입니다.

현명한 이들은 우리가 만든 이 세상을 우리 스스로 타락시켰음을, 우리의 꿈과 공포가 이 세상 어딘가에 나란히 공존하고 있음을 잘 알고 있습니다. 우리도 이 사실을 엄연히 알고 있지만 의혹에 찬 눈길로 침묵하고 있을 뿐이지요. 나는 더 이상 그 침묵을 견딜 수 없었습니다.

나는 아들이 따스한 가슴과 열린 마음을 안고 이 세상을 향해 다정한 손길을 내밀 수 있기를 바랍니다. 굳은 신념을 갖고 있되 남을 쉽게 비난하지 않는 남자, 넓은 세상을 마음껏 탐험하면서도 자신이나 타인에게 무심코 상처를 입히지 않는 남자가 되기를 바랍니다. 그러기 위해서는 타인의 목소리에 귀 기울이고 공감할 줄 알아야겠지요. 또한 진정한 남자로 성장하는 것이 무엇인지 정확히 알아야 합니다. 나는 바로 그러한 이야기를 들려주기로 결심했고, 그것이 이 책을 쓰게 된 결정적인 이유입니다.

나는 내 모든 것을 쏟아 부어 이 책을 집필하는 데 몰두했습니다. 우리가 살고 있는 이 세상에 대한 모든 분노와 경이로움, 절망, 이 세상 모든 지혜에 대한 숭고한 경외심, 그리고 인생을 살아가며 경험할 수 있는 모든 기적에 대한 믿음을 담으려고 노력했습니다.

어느 것이 낫고 어느 것이 못하다는 판단 없이 세상 모든 사람들과 진리를 끌어안을 수 있다는 것은 얼마나 소중한 일인지요. 나는 세상 사람들이 믿는 것을 함께 믿고, 다른 사람을 인정할 수 있으며, 무언가를 배울 수도 있습니다. 또한 타인으로부터 배운 진리를 다른 이에게 전할 수도 있습니다.

이러한 일들이 그리 대단치 않게 여겨질지도 모르지만, 나는 무엇보다 소중히 여기고 있습니다. 서른여섯 마리의 고양이를 기르는 외로운 옆집 노인, 문가에 앉아 책을 읽고 있는 청년, 훌륭한 선생님, 정직한 목사, 쇠약한 마약중독자, 공원의 부랑자들, 이 모두가 한목소리로 나에게 단추를 끝까지 채워야 하는 갑

갑한 직업을 갖지 말라고, 자신처럼 인생을 허비하지 말라고 충고했습니다. 그리고 이제 나는 그들의 진심 어린 충고에 귀를 기울일 수 있습니다.

  이 작은 일들을 통해 아주 단순한 진리를 깨우치게 되었으므로 내가 내 아들과 이 세상 모든 아버지의 아들들에게 인생에서 진정으로 소중한 그 무엇을 깨우치게 할 수 있는지도 모릅니다. 인간이 갖춘 조건과 그 안의 잠재력을 깨우쳐 새로운 인간상을 보여줄 수도 있겠지요. 이 세상에 존재하는 모든 꿈과 의혹, 흔해빠진 것들과 흔치 않은 것들에 대한 새로운 통찰력을 제시할 수도 있을 것입니다. 아울러 그 과정에서 이 혼란스럽고 광활한 세상에 불안하게 자리한 독자들에게도, 사람과 인생에 관한 가치 있는 무언가를 선사하고자 합니다.

켄트 너번

| 프롤로그 |

아버지의 소망

 아들아, 나는 아버지로서 이 책을 썼단다. 너의 아버지로서가 아니라 이 세상에 존재하는 '아버지'라는 이름으로서 말이다. 아마 너는 훗날 네 아들이 태어나기 전까지는 이 말의 의미를 잘 알 수 없을 거야. 아들을 바라볼 때 가슴에서 우러나오는 그 형언할 수 없는 기쁨, 도무지 말로 표현할 수 없을 만큼 벅찬 그 사랑은 부모가 되어보지 않고는 평생 느낄 수 없을 테니 말이다. 아들이 자신보다 더 나은 어른이 되기를 바라는 마음, 좋은 것만 물려주고 싶은 마음, 이런 마음들을 아버지가 되어보지도 않고 어떻게 알 수 있겠니. 아들의 몸과 마음이 건강하게 성장하지 못하는 것을 볼 때 찢어지는 아비의 마음 또한 너는 아직 상상도 못할 테지.

나의 이 긴 편지를 통해 너는 한 남자의 삶을, 너에게 생명을 주고 너를 성장시키고 긍정적으로든 부정적으로든 네 삶에 어떤 영향을 끼친 한 남자의 인생을 마주하게 될 것이다. 남자가 된다는 것에 대해 진지하게 생각해본 적이 있니? 그것은 아주 커다란 축복인 동시에 몹시도 무거운 짐이란다.

세상 모든 아들들이 아버지에게 반드시 물려받아야 하는 것이 있다. 그건 바로 진정한 남자다움과 자긍심 그리고 세상에 대한 책임감이란다. 하지만 오늘날엔 부자지간에 그것이 잘 전해지지 않고 있어. 아버지와 아들 사이에 꼭 필요한 교감이 불가능할 만큼 시대가 변하고 있기 때문이지. 그 시대의 변화 속에서 사람들의 인생은 무수하고 자잘한 것들, 인생에 있어 지극히 부차적인 문제들에 지나치게 짓눌려 있어. 이 일상적이고 사소한 것들에 마음을 빼앗기는 동안, 우리의 가슴이 원하는 진정한 시(詩)는 어느덧 목소리를 잃고 말았단다. 우리 가슴에 살아 있던 노래, 세상 모든 사람들이 입을 모아 함께 불러야 하는 노래, 남자가 된다는 것에 대한 노래……. 진정한 행복으로 인도하는 그 모든 노래들이 점점 암흑 속으로 침잠하고 있어. 이 세상에 충고의 말은 필요 이상으로 넘쳐흐르지만, 거기엔 대부분 신념이 들어 있지 않으니 말이다.

물론 이 아버지도 그에 대한 해결책을 완전히 알지 못한단다. 하지만 최소한 문제가 무엇인지는 이해하고 있어. 시종일관 허공을 향해 발버둥을 치고 호기심 어린 눈동자로 사방을 둘러보는 네 모습, 두 발로 땅을 딛고 일어서기 위해 안간힘을 쓰는 네 모습을 보며 나는 그 문제에 맞닥뜨리고자 하는 의욕을 느낀다. 네 맑은 눈동자를 들여다보고 있자면, 너의 인생에 투명하게 반사된 내 삶이 보이는구나. 나는 예전부터 깊고 심오한 깨달음의 바다 속에 있었지. 그리고 이제는 그곳에서 너와 함께하고 싶단다.

아들아, 네가 겪는 숱한 고통과 성장을 이 아버지도 겪었단다. 나 역시도 너처럼 두려움 속에서 첫 걸음마를 떼고, 뛰는 법을 배우고, 세월이 흐르면서 넘어지는 법도 배웠단다. 가슴 절절한 첫사랑도 해봤지. 두려움과 분노와 슬픔 속에서 헤어나지 못해 방황했던 적도 많았어. 가슴이 찢어질 듯한 고통에 힘겨워했던 순간이 있는가 하면 신의 손이 내 어깨를 가만히 감싸주듯 평온

했던 순간도 있었어. 슬픔의 눈물을 흘리는 날이 있는가 하면 기쁨의 눈물을 흘린 날도 있었지. 어떤 날은 너무도 암울해서 다시는 빛을 볼 수 없으리라고 생각했고, 또 어떤 날은 만나는 사람마다 꽉 껴안아주고 싶을 정도로 즐거운 기분에 빠져 있었어. 우주의 신비에 정신이 홀려 내 몸이 텅 빈 것 같은 느낌에 휩싸이기도 했고, 아주 사소한 일 때문에 걷잡을 수 없는 분노에 휩싸이기도 했지.

성인이 되고 인간관계가 넓어질수록 나의 경험도 더욱 다양해졌어. 내 몸 하나 추스를 힘도 없으면서 다른 이에게 어깨를 빌려준 적도 있었고, 나의 도움을 필요로 하는 타인을 외면하고 도망친 적도 있었단다. 부탁받은 것보다 더 많은 것을 묵묵히 도와줄 때도 있었지만 별다른 노력도 하지 않고서 대단히 큰일을 한 듯 떠벌린 적도 있었어. 내 안에는 이렇듯 늘 선한 마음과 악한 마음이 전쟁을 벌이고 있었단다. 그래, 나 역시 너처럼 그저 미약한 사람일 뿐이었어.

아들아, 언젠가는 너도 땅을 딛고 일어나 너의 인생을 찾아 떠나겠지. 그 전에 이 한 가지만 기억하렴. 앞으로 네가 볼 태양은 내가 본 태양과 다르지 않고, 네가 걸어갈 여정 역시 내가 걸어

왔던 길과 별반 다르지 않을 거야. 우리의 삶의 형태는 아주 다르겠지만, 그 본질은 똑같을 테니까.

나는 그 변하지 않는 본질을 보여주기 위해 이 글을 쓴다. 내 삶에서 직접 깨달은 인생의 교훈을 너에게 고스란히 전달하고 싶은 마음, 그리고 그 교훈이 너의 인생에 조금이나마 도움이 되기를 바라는 마음으로 말이다. 아버지인 내겐, 네가 건강하게 자라는 모습을 보는 것만큼 기쁜 일이 없단다. 그리고 언제까지나 네 곁에서 함께하며 너의 성장에 필요한 진리를 들려주고 싶어. 이 글이 바로 그러한 역할을 해주겠지.

아들아, 너를 만난 건 내 인생을 통틀어 가장 큰 축복이었어. 너를 처음 보는 순간 나는 아주 신비로운 체험을 했지. 온몸이 사랑으로 변하는 그 황홀한 느낌을 넌 상상이나 할 수 있을까. 이제 나의 소원은 단 하나뿐이구나. 내가 느낀 그 사랑을 네 곁에서 언제까지고 전해주는 것. 그럴 수만 있다면 이 아비는 더 이상 바랄 것이 없구나.

아들에게 보내는 편지
Letters to my Son

우리에 대하여 About Us

나에게는 잊지 못할 선생님이 한 분 계신단다. 7학년 때 수학을 가르쳐주신 레이널드라는 선생님이셨어. 언젠가 내가 한 친구를 짓궂게 놀리고 그 말에 다른 친구들이 왁자하게 웃음을 터뜨린 적이 있었지. 그 모습을 본 레이널드 선생님은 나를 복도로 조용히 불러내셨어. 선생님은 날 바라보며 나지막하고도 단호한 목소리로 말씀하셨어.

"너번, 넌 무슨 말을 하든지 주어가 항상 '나'라는 걸 알고 있니?"

그러고는 내 대답을 듣지도 않고 그냥 가버리시더구나.

말 한마디가 경전과도 같은 힘을 갖고 있다는 걸 넌 알고 있니? 그 말은 곧 내게 경전이 되었단다. 내 인생을 완전히 바꿔놓을 만큼 말이야. 그날 후로 나의 인식은 백팔십도 변했어. 더 이상 세상을 내 중심으로만 바라보지 않게 된 거지. 그 전까지는 무엇을 보든, 어떤 생각을 하든 나 자신을 세상의 중심에 두곤 했거든. 난 그 자리에서 나를 지웠단다. 대신에 내가 본 것, 내가 만난 사람, 주변에서 일어나는 모든 일들에 대해 다시 생각하기 시작했어. 그러자 놀라운 일이 일어났어. 세상이 아름다운 정원으로 바뀌더구나. 그때야 비로소 아버지는 세상에서 가장 고요하고 행복한 여행을 시작했단다. 타인의 눈을 통해 세상을 바라보는 평온의 길로 들어선 거지. 그리고 그 길목에서 아주 가치 있는 즐거움을 깨달았어. 타인의 생각과 감정을 내 것처럼 받아들이는 일의 즐거움 말이다.

이 여행의 즐거움을 어떻게 표현해야 좋을지 모르겠구나. 많은 사람들은 자기 자신을 세상의 중심에 놓고 살아가. '내 생각엔', '내가 원하는 건', '나는 말이야'라는 말을 입에 달고 다니면서 말이다. 하지만 기억하렴. 이 세상은 개개인의 관점과 상관없이 그 자체의 삶을 갖고 있단다. 그러니 자신의 입장을 저버리고 다른 사람의 관점에서 세상을 볼 수 있다면, 이 세상의 의미를 보다 완벽하게 이해할 수 있을 거야.

 이 말이 어렵고 추상적으로 들리니? 사실 아주 단순하고 쉬운 이야기란다. 오늘 하루 동안 주위 사람들이 하는 말을 한번 유심히 들어보거라. 그럼 사람들이 세상과 자신을 분리하는 표현을 얼마나 많이 사용하는지 곧바로 알 수 있을 거야. 그런 표현은 바위에 떨어지는 물방울처럼 서서히 세상과 우리를 갈라놓는단다. '나는 무엇을 보았다', '나는 무언가를 했다' 라는 표현은 오로지 그 행동을 한 자신만을 강조할 뿐이지. 이것이 바로 자신과 세상을 철저히 분리하는 말이란다. 그리고 나 또한 바로 이런 표현들 때문에 서서히 세상으로부터 고립되어갔어. 내가 세상의 이방인이라는 느낌, 참을 수 없이 외롭다는 느낌을 지울 수가 없었지. 도대체 왜 그런 느낌에 사로잡히는지도 그때의 난 알지 못했단다.

 세상 만물에 하나의 존재가 들어 있다고 믿는 문화권에서는 언어에도 그 믿음이 드러난단다. 그들은 모든 것을 '나'가 아닌 '우리' 라는 개념으로 바라보지. 아주 자연스럽게 말이다. 수많은 예술가와 공감을 중시하는 사람들이 그러한 관점을 알리기 위해 노력했어. 하지만 그들을 제외한 대부분의 사람들은 아직도 자기 자신이 최고라고 생각하지. 우리는 자기 입장만을 내세우는 태도를 버리고 고집스러운 자아를 깨뜨릴 필요가 있어. 그러기 위해서는 직관력이 필요하단다. 나의 경우 레이널드 선생님을 통해 바로 그 직관력을 깨우쳤지.

레이널드 선생님이 그러했듯, 나 역시도 너에게 그 직관력을 일깨워줄 수 있다면 좋겠구나. 하지만 꼭 내 도움이 아니더라도 네 마음이 충분한 준비를 갖춘다면 언제든 그 직관력을 가질 수 있을 거야. 때가 되면 가슴이 스스로 받아들이겠지. 그때가 되면, 아들아, 놀라지 말거라. 세상은 너의 상상을 초월할 만큼 바뀔 것이다. 세상 속에서 너 자신의 집을 찾기보다 세상을 너의 집으로 삼게 될 것이고, 세상을 비판하는 대신 이해하게 될 것이며, 눈앞의 모든 것이 아름다워지고 매 순간순간이 성장과 발견의 기회로 다가오게 될 거야. 물론 부처와 성자들처럼 자아의 존재를 완벽하게 잊을 수는 없을지라도, 네가 겪을 수 있는 세상에서 가장 즐거운 여행을 떠날 수 있단다. 예술가의 가슴으로 세상을 보고 영원히 젊은 가슴을 유지하는 비법을 자연히 깨닫게 될 테니까 말이야.

배움에 대하여 About Learning

 아들아, 세상에서 네게 아주 커다란 기쁨과 위안을 주는 것을 꼽으라면 너는 무엇을 떠올리겠니? 무엇을 꼽았든, 나는 거기에서 '배움'이 빠져서는 안 된다고 생각한다. 배운다는 것은 우리가 세상을 이해하는 데 필요한 바탕을 마련하고 인간에 대한 본질적인 이해심을 키우는 일이지. 그것이 반드시 학교 교육만을 의미하는 것은 아니야. 진짜 배움은 마음에서 이루어지는 거야. 세상에 대한 경외심을 잃지 않고 끝없는 호기심으로 세상을 바라보는 것, 그것이 진정한 배움의 자세란다. 일상에서 만나는 모든 것들을 향해 네 마음을 활짝 열어두렴. 네가 느끼는 감정, 구름의 움직임, 새들의 지저귐, 처음 가본 도시, 낯선 나라의 가난한 주민들과 부자들, 기계공과 작가들……. 이 모든 것들을 향해서 말이야. 우리가 배울 수 있는 것은 참으로 무한하단다. 우리는 하루에도 수천 가지 이상의 깨달음을 얻을 수 있어.

세계 어디든 교육의 방식에 대해서는 논란이 끊이지 않았지. 그건 주로, 스스로 자유롭게 탐색하게 하는 것과 체계적으로 지식을 전수하는 방식, 둘 중 어느 쪽이 더 효과적인가에 대한 논란이었어. 미지의 세상 속에서 무작정 헤매고 직접 부딪히며 인생의 교훈을 깨우쳐가야 한다고 주장하는 사람이 있는가 하면, 한 주제에 대해 기존의 지식을 습득하고 그것을 바탕으로 응용해나가야 한다고 주장하는 사람들도 있지. 지금까지 많은 사람들이 이 두 가지 방식을 통해 배워왔고, 또 기성세대는 가능한 한 이 두 가지 방식을 함께 사용하고자 애써왔지.

혹 네가 무언가를 배울 때 둘 중 어느 한쪽으로만 치우친다는 느낌이 든다면 공자의 이 말을 떠올리거라.

"배우기만 하고 생각하지 않으면 헛것이요, 생각만 하고 배우지 않으면 위험하다."

학교의 형식적인 교육 방식이 고루하게 느껴지니? 그러나 그것 또한 무시할 수 없을 만큼 중요한 과정이라는 걸 염두에 두럼. 학교 교육은 네가 세상을 이해하는 데 필요한 지식과 배경을 갖게 해주고, 혼자서는 결코 터득할 수 없는 사회적인 개념을 심어준단다. 또 네가 한 번도 만나지 못한 문화와 그것들이 쌓아온 유구한 정신세계에 대해서도 알려주지. 이처럼 앞서간 수많은 사람들의 드넓은 경험의 흐름을 너는 학교를 통해 배울 수 있단다.

어쩌면 너는 학교 교육에 대한 억압감을 느끼고 있을지도 모르겠구나. 혹은 학교에서 가르치는 과목이나 방식이 너의 관심사나 신념과 거리가 멀어 전혀 흥미를 느끼지 못할지도 모르지. 만일 그런 상태라면 당장이라도 학교를 그만두고 싶을 거야. 하지만 형식적인 학교 교육이 부담스럽고 싫다는 이유로 성급히 그만두는 것은 참으로 지혜롭지 못한 행동이란다. 아마 그 순간 너는 학교 교육은 모조리 '가짜'라고 느끼겠지. 학교 건물을 떠나 몸소 세상과 직접 부딪히다 보면 네 의식이 훨씬 빠르게 성장할 거라 여길 거야. 학교에 다니지 않아도 많은 것을 배울 수 있다는 생각이 들 테고. 그리고 네가 아니라도 네 또래의 많은 아이들이 이런 충동에 사로잡힐 거야.

아들아, 어떤 생각을 하든 이 사실 하나만은 외면하지 말거라. 지금까지 학교를 거쳐갔던 숱한 선배들이 모두 너와 똑같은 길을 걸어갔다는 사실을 말이다. 또한 여러 문화권의 무수한 사람들이 수많은 시행착오 속에서 이 다양한 형태의 학교 교육을 발전시켜 왔다는 사실 또한 잊지 말아라. 이 모든 것을 감안하더라도 학교에서 배우는 것들이 너의 갈증을 완벽히 충족시켜주지 못할지도 모른다. 그 또한 기쁜 일이다. 바로 그러한 이유로 너는 네 스스로 지식과 함께 지혜를 배우도록 노력해야 하기 때문이지.

지식은 다양하지만 지혜는 단 하나뿐이란다. 지식은 말로 표현할 수 있지만 지혜는 말이 없어. 지식은 진리의 테두리에서 눈에 보이는 것을 이해하지만 지혜는 진리의 중심에 서서 보이지 않는 것을 통찰하지. 이 두 가지를 함께 배우지 않는다면 제아무리 천재적인 사람이라 한들 인간으로서 완벽해질 순 없어.

지혜를 얻는 길은 매우 많단다. 여행을 통해 얻을 수도 있고, 스승으로부터 얻을 수도 있고, 일을 통해 얻을 수도 있지. 혹은 아이나 어른, 연인이나 이방인의 눈으로 얻게 되기도 한단다. 길을 가다 넘어졌을 때, 넘어진 그 자리에 그대로 주저앉아 있는 가운데 불현듯 지혜를 얻기도 하고, 이루 말할 수 없이 큰 고통 속에서 지혜를 찾기도 해. 인생은 네가 이해하거나 선택할 수 없는 무수한 방법을 통해 네게 지혜를 안겨줄 거란다. 만일 네 가슴이 이 모든 지혜의 원천을 향해 활짝 열려 있다면, 넌 얼마든지 그 축복을 전부 받아들일 수 있어. 그러나 반대로 마음을 꼭 닫아놓기만 한다면 지혜의 축복은 영원히 네게 찾아오지 않을 거야.

아들아, 배움 앞에서 중요한 건 너의 마음가짐이야. 배움의 방식으로 학교를 선택하든 학교가 아닌 것을 선택하든 그건 부차적인 문제일 뿐이란다. 그러니 거기에 크게 얽매이지 말거라. 정식 고등교육을 못 받은 사람도 특정 분야에 대한 지식이 누구보다 뛰어날 수 있고, 아주 특별한 경험을 통해 남들보다 일찍 인생의 지혜를 깨닫는 사람도 있는 법이지. 평생 학교 교육을 제대로 받지 못한 사람이 너보다 훨씬 많은 것들을 깨달아 오히려 너를 높은 경지에 끌어올려줄 수도 있어.

한 음악가에게 지식과 지혜 중 무엇이 더 중요하냐고 묻자 그는 이렇게 대답했단다.

"지식이 없다면 전 바이올린을 연주할 수 없었을 겁니다. 하지만 또 지혜가 없었다면 음악을 연주할 수 없었겠지요."

어디에서 무엇을 배우든 열정적으로 배워라. 그러면 네 자리가 초라하건 빛나건 상관없이 진정한 배움을 얻을 수 있을 거야.

또한 살다 보면 네가 자신만만해 하는 어떤 분야에 대해 너보다 더 뛰어난 사람을 만나기도 할 거야. 그렇다고 해도 결코 부끄러워 말거라. 네가 무엇을 얼마나 아느냐는 기실 그리 중요한 게 아니란다. 네가 알고 있는 것을 다른 사람과 어떻게 공유해야 하는지 아는 것, 그것이 배움의 최종 목적이니까.

일에 대하여 About Work

　일을 단순히 돈벌이 수단으로 여기는 사람이 있는가 하면 창조적인 행위로 여기는 사람도 있지. 일에 대해 어떤 생각을 갖고 있든 간에, 일은 그 일을 하는 사람으로 하여금 스스로의 정체성을 깨닫게 한단다. 그 일을 하는 동안에는 모든 시간을 거기에 바치기 때문이지. 따라서 인간은 스스로 자신의 일을 선택해야만 행복할 수 있어.

　나의 꿈은 조각가였단다. 하지만 조각가가 되려는 결심을 품고도 나는 택시 운전을 했었어. 순전히 돈 때문이었지. 조각을 하려면 돈이 필요했으니까. 기사 일을 하는 동안에도 마음은 내내 조각에 가 있었어. 그런데 겨우 6개월 만에 나는 수많은 택시 기사들의 모습과 똑같아져 있더구나. 택시 기사처럼 말하고, 택시 기사처럼 생각하고, 택시 기사의 눈으로 세상을 보는 나를 발견했지. 여느 택시 회사 직원들과 다름없이 야간 택시 기사의 생활 습관과 생활 리듬을 갖게 되었고, 휴일에 조각을 하는 순간까지도 내 안에는 택시 기사의 의식이 남아 있었어. 좋든 싫든 난 어쩔 수 없이 택시 기사였던 거지.

일을 하는 모든 이들이 그렇단다. 네가 지금 당장 하는 일이 너무나 불만족스러워 필요한 만큼만 일을 하고 마음으로는 거리를 둔다고 치자. 그렇다고 해도 그 일을 하는 이상 너는 그 직업과 멀어질 수 없어. 그러다 보면 어느덧 너의 인생은 그 일로 채워져 있겠지. 이러한 사실을 부정하는 사람들이 많단다. 그들은 직업을 선택할 때도 재미있어 보이는 일, 보수가 높은 일 혹은 남들에게 과시할 수 있는 일을 고르지. 그러한 기준으로 직업을 선택하고 그 일에 모든 시간을 바친다면 어떻게 될까? 아마 처음에는 만족스러울지 모르겠지만, 서서히 불안해지고 공허해져 가는 스스로의 마음을 발견하게 될 거야. 일에 바치는 시간이 길어지면 길어질수록 부담을 느끼고 종국에는 자신의 인생이 의미 없는 일에 얽매여 있다는 느낌에 견딜 수가 없어지지. 이른바

'조용한 절망의 세계'로 들어서는 거야. 공허하고 불행하며 본인이 무엇을 하는지도 모르는 어두운 세계로 말이다. 그럼에도 사람들은 그 세계에서 빠져나올 엄두를 못 내. 금전적으로 안정된 생활을 포기한다는 것에 대한 두려움, 변화에 대한 불안감 때문에 현실을 불평하면서도 여전히 그 자리에 머물러 있지. 그러고는 자신이 그럴 수밖에 없는 이유와 진심으로 원하는 일을 하지 않는 것에 대한 핑계거리를 찾는 데 모든 에너지를 쏟아내지. 이런 삶의 자세는 성공으로부터 멀어지는 가장 빠른 길이란다.

우리는 우리가 하는 일 그 자체라는 것을 잊지 말거라. 어떤 일을 하면 할수록 사람은 바로 그 일이 되어가지. 앞에서 이야기한 악순환에서 벗어나는 방법은 단 두 가지란다. 작정하고 인생을 변화시키거나, 자신의 인생에 대한 기대감을 아예 낮추는 것. 만약 기대감을 낮추는 쪽을 선택한다면 꿈은 서서히 사라질 거야. 꿈이 없는 사람은 이미 반쯤 죽어 있는 것이나 다름없단다.

그러니 아들아, 직업은 반드시 신중하게 선택해야 한다. 돈이나 명예, 화려함 같은 껍데기에 마음을 빼앗기지 말거라. 매일 매 시간 어떤 일에 마음을 쏟을 것인지, 그리고 그 일이 너의 소중한 시간을 바칠 만큼 의미 있는 일인지 충분히 고민해야 한단다. 시간으로 일의 가치를 측정할 수는 없지만 어느 정도는 가늠해볼 수 있지 않겠니.

흔히 일을 '천직(vocation)'이라고들 부르지. 어쩌면 필요 이상으로 거창하고 과장된 말로 들릴 수 있겠지만, 실제로 이 말 속에는 굉장히 중요한 지혜가 담겨 있단다. 천직이라는 말은 '부름(calling)'을 뜻하는 라틴어에서 나온 것이고, 또 이것은 '목소리(voice)'라는 단어에서 파생된 말이지. 다시 말해 천직이란 '해야만 하는 일'을 뜻한단다. 즉, 네가 진실로 하고자 하는 일, 네가 누구이며 네가 세상을 향해 하고 싶은 말을 표현하게 해주는 어떤 것을 의미하는 거야. 그 일을 하도록 너를 부르고 너의 인생에 목소리를 주는 것이지. 단순히 노동의 대가로 돈을 받는 일과는 전혀 다른 거란다. 세속적인 기준 하에 특별한 대우를 받는 전문직을 갖는 것과도 다른 일이지.

하지 않고는 못 배기는 일, 너에게 어떤 의미를 주는 일, 그리고 무엇보다 네가 저절로 사랑하게 되는 일, 그것이야말로 너의 천직이야. 너는 그 일을 함으로써 세상과 온전히 소통할 수 있어. 순전히 돈 때문에, 남들에게 자랑할 수 있다는 이유로 직업을 택한다면 넌 결코 세상과 제대로 소통할 수 없을 거야.

그러한 일을 찾았을 때는 가슴을 활짝 열고 받아들여라. 물론 자신의 천직을 찾을 만큼 운이 좋은 사람은 그리 많지 않아. 그래도 우리는 그 일을 찾기 위해 노력해야 한단다. 그러지 않고 어떤 보상을 바라며 일을 시작한다면 설사 나중에 성공한다 하더라도 아무런 보람도, 기쁨도 느끼지 못해. 돈이나 명예는 취했을지언정 가슴은 잃어버린 상태일 테니까. 그러한 인생이 돈이나 명예와 교환된 일회용품과 다를 게 뭐 있겠니. 흔해빠진 소모품처럼 서서히 사그라지다 마침내 죽고 말겠지.

나는 가끔 클리블랜드(미국 오하이오주 북부에 있는 도시 — 옮긴이) 거리에서 만난 어떤 사람을 떠올린단다. 자동화 공장의 조립 라인에서 일하는 그는 그 일이 너무 싫어서 아침마다 조립 라인 앞에 서 있는 것조차 고역이라고 하더구나. 나는 그렇게 싫은데 왜 아직까지 계속하고 있냐고 물었지. 그는 이렇게 말하더구나.

"정년퇴직까지 아직 13년이나 남았는걸."

이런 생각으로 인해 그의 인생은 그에게서 멀어져갔지. 안정된 수입을 포기하지 않는 대신 스스로에게 13년형을 선고한 거야. 그를 처음 만났을 때 난 겨우 스무 살이었단다. 젊고 자유로웠던 나는 그의 말을 도무지 이해할 수 없었어. 바보처럼 가만히 앉아 인생을 포기하고 퇴직만 바라보는 그가 정말이지 답답했단다. 하지만 지금은 그의 심정을 이해할 수 있어. 돈을 벌기 위해 원치 않는 일을 할 수밖에 없었던 그의 마음을 말이다.

처음 일을 시작했을 때 그는 차와 가전제품 등 갖고 싶던 것들을 사들이면서 풍족하게 살았어. 소유한 것들이 많아질수록, 나이를 먹을수록 더 많은 돈을 벌어들이기 위해 악착같이 일했지. 그에 따라 급료가 올랐고, 이직에 대한 가능성은 점점 더 줄어갔단다. 어쨌거나 그는 자신의 풍족한 생활에 그럭저럭 만족하며 지냈어. 그러는 동안 결혼해서 집도 사고 아이도 낳고 어느새 중년이 되었지. 한데 젊을 적엔 자유롭게만 느껴졌던 자신의 일이 어느 날부턴가 지겨운 일상이 돼버린 거야. 그런 생각이 들자 갈수록 그는 자신의 일이 싫어졌어. 일에게 갉아 먹히는 기분이 들었지만 도망갈 방법을 찾지 못했지. 가정이 있는 그에게는 생활비가 필요했고, 당장 직업을 바꾼다고 해도 당시 하던 일에서 받는 보수를 기대할 수 없는 상황이었으니까. 제 가족의 안위와 자신의 건강, 그 어떤 것에 대해서도 보장해주지 않는 낯선 세계에 발을 들일 용기가 그에게는 없었던 거지. 그래서 포기한 거야. "정년퇴직까지 아직 13년이나 남았는걸"이라는, 마치 죄수가 남은 형기를 꼽는 듯한 말을 하면서 말이다. 그 역시 죄수처럼 직장에서 해방되어 자유를 찾는 그날을 하루하루 세면서 기다린 거야.

 자신의 일에 대한 생각은 사람들마다 제각기 달라. 젊은 시절부터 어떤 일을 할지에 대해 오랜 시간 진지하게 고민하는 경우도 그리 많지 않지. 개중에는 선택의 여지가 없어 어쩔 수 없이 주어진 일을 하는 사람도 있단다. 가난해서, 학벌이 낮아서, 그를 둘러싼 여러 가지 환경적 요인 때문에 별 수 없이 그나마 나은 일을 택하는 경우도 있지. 하지만 그런 경우를 제외하고도 많은 사람들이 편견에 휩싸인 기준으로 일을 판단하고 평생의 직업을 선택한단다. 이처럼 잘못된 꿈을 좇는다면 언젠가는 덫에 빠지게 되어 있어. 장래를 고민하는 시기에 최선을 다해 내면의 소리에 귀 기울이면 얼마든지 그 덫을 피할 수 있단다.

 물론 내면의 소리에 아무리 귀 기울이고 곰곰이 생각해봐도 네가 진정으로 원하는 일이 무엇인지 잘 모를 수도 있을 거야. 그렇다고 해도 그 고민을 멈추지 말거라. 네가 어떤 일을 하고 싶은지, 또 그 일이 너에게 맞는지 아닌지 신중히 생각하도록 해. 그것을 깨달으려면 일과 네가 하나가 될 정도로 그 일에 정성을 쏟는 경험이 필요하단다. 그런 다음 그 일을 계속할지 말지 결정해야 해. 혹 그만두는 쪽으로 확신이 선다면, 경제적인 안정을 잠시 포기할 용기를 내야겠지.

또한 달리 생각해보면, 긴 인생에서 두세 가지 혹은 그 이상의 직업을 갖지 말란 법도 없지 않겠니. 그러니 자신과 맞지 않는 일을 관두고 마음이 원하는 미지의 세계를 향해 떠나지 못할 이유도 없단다. 그로 인해 위기에 처할 수도 있고, 길을 잃을 수도, 가난에 빠질 수도 있어. 직업을 통해 너의 진정한 정체성을 찾으려다 오히려 정체성을 잃고 헤맬 수도 있겠지. 하지만 최소한, 자신의 꿈을 저버리고 일상의 사슬에 꽁꽁 묶이는 고통스러운 삶만큼은 피할 수 있단다.

아들아, 사회에 뛰어들기 전에 네가 꼭 기억해야 할 것이 있다. 너의 노동력은 고용인들에겐 어디까지나 소모품에 지나지 않는다는 사실이야. 네가 돈을 받는 이유는 순전히 네가 노동력을 제공했기 때문이야. 그 이상의 이유는 없단다. 또 언제든 너의 노동력이 가치를 다하면, 그 전의 네가 직장에 아무리 충성을 다하고 부지런히 노력했다 하더라도 고용인은 너를 저버릴 거란다. 잊지 말아라, 평생을 몸 바쳐 일했다 해도 근본적으로 그것은 경제적 교환에 불과해. 그리고 그 교환에서 네가 어떤 이익을 줄 수 있을 때까지만 너는 직장에서 가치 있는 존재가 되는 거란다. 그래, 비정한 현실이지. 하지만 이건 어디까지나 기본적인 시장 논리이므로 어떤 시대에도 달라지지 않을 거야.

그러니 아들아, 생에 대한 사랑을 희생하면서까지 일에 얽매이지는 말거라. 상황에 따라 일이 너를 저버릴 수도 있어. 또 너 역시 상황에 따라 그 일을 버릴 수 있지. 클리블랜드에서 만난 그 사람도 정년퇴직만을 바라보고 살았지만, 은퇴를 1년 앞두고 해고당했을 수도 있지 않겠니. 있는지도 몰랐던 법적 문제 때문에 연금을 못 탔을 수도 있고, 조립 라인 앞에서 돌연히 쓰러져 죽었을지도 모르지.

언젠가 피아니스트를 꿈꾸는 교수를 만난 적이 있단다. 그는 피아니스트로서 성공할 수 있을지에 대해 자신이 없었던 나머지 지레 겁을 먹고 교수직을 택했지. 안정된 직장과 보수가 보장된 삶을 택한 거야. 어느 날 나는 그 교수를 찾아가 일에 대한 고민을 털어놓았어. 그는 말없이 피아노 앞으로 가더니 연주를 시작하더구나. 아주 아름다운 음악이었어. 교수는 한참 만에 연주를 멈추고 이렇게 말했어.

"그냥 마음 가는 대로 하세요. 제 어릴 적 꿈은 피아니스트였지요. 이제 와서 말해봐야 소용없지만, 전 매일같이 피아노를 계속했다면 얼마나 좋았을까 후회하고 있어요."

아들아, 네가 은퇴하는 날 이런 후회를 하는 일이 없었으면 좋겠구나. 네 가슴에서 불타는 일을 찾아 그 일을 하거라. 직업이 아니라 천직을 택해야 한다. 그러면 마음이 평화로워질 거야. 혹 천직이 아닌 직업을 택한다 해도, '정년퇴직까지 아직 13년이나 남았다' 거나, 매일같이 무엇을 했더라면 얼마나 좋았을까 하며 후회된다는 말은 하지 않기를 바란다.

소유에 대하여 About Possession

젊은 시절, 오리건 숲 속의 작은 통나무집에서 혼자 살던 때가 있었단다. 소유하고 있는 것들을 모두 버리기로 결심하고 간 집이었지. 나는 나의 전 재산을 자동차 트렁크 속에 집어넣었어. 내가 그런 결심을 하게 된 건, 그로부터 몇 달 전 도둑을 맞은 일 때문이었어.

누군들 안 그렇겠냐마는, 내게는 무척이나 소중한 물건들이 있었단다. 친구들의 편지와 책들, 친구가 만들어준 인형, 타자기, 사진기, 스테레오, 수십 장의 사진, 초고 원고들과 일기장 그리고 시집, 좋아하는 접시와 그릇들……. 평생에 걸쳐 했던 선택과 행동에 의해 남은 그 물건들은 곧 나의 역사이자 희망이었어. 앞으로의 인생에 결코 없어서는 안 될 것들이라고 생각했지. 그런데 상상도 못한 일이 벌어졌어. 크리스마스에 2주간 휴가를 다녀왔는데 그 모든 물건들이 엉망이 되어 있는 게 아니겠니. 종이와 사진들은 다 찢어져 있고 타자기는 부서져 있었지. 스테레오는 아예 없어졌고 친구에게 받은 인형은 팔다리가 다 뜯긴 채로 난로에 던져져 있었어. 내 인생의 편린들이 쓰레기처럼 집 여기저기에 흩어져 뒹구는 것을 볼 때의 그 처참한 기분이란. 나는 주저앉아 손에 얼굴을 파묻고 엉엉 울었단다. 참으로 슬픈 사건이었지.

그런데 아들아, 때로 인생은 아주 추한 모습으로 인간에게 지혜를 안겨준단다. 그날의 사건이 내가 겪은 많고 많은 일 가운데 가장 소중한 일이었다고 말한다면, 넌 믿을 수 있겠니? 그 사건 덕분에 난 자유로워진 거야. 도둑을 맞지 않았다면 나는 그 물건 중 반도 버리지 못했을 테니까. 그 시절 나에게 그 물건은 곧 나였고 내가 곧 그 물건들이었어. 그것들이 없다면 도저히 살 수 없다고 생각했단다. 하지만 시간이 갈수록 나는 서서히 회복되어갔어. 편지에 담겨 있던 추억은 여전히 머릿속에 남아 있었고, 내 인생을 다듬어준 모든 손길은 이미 내 가슴속에 살아 숨 쉬고 있었으니 말이야. 잃어버린 원고들은 내 머릿속에 뚜렷이 남아 점점 더 훌륭하게 다듬어졌고, 그 영감을 향해 가슴을 활짝 열자 처음보다 훨씬 창조적인 글이 써지더구나. 책은 도서관에서 대출해서 읽으면 그만이었고, 스테레오와 사진기만 새로 장만했지.

그렇게 많은 것을 잃었는데도 삶은 변함없이 지속되었어. 아니, 전에는 절대 느껴보지 못했던 자유로운 기분마저 만끽할 수 있었지. 방식이 다소 잔인하긴 했지만, 결과적으로 도둑은 내게 소유의 지혜를 선물한 거야. 그때부터 나는 결심했단다. 물건이 나를 소유하게 하는 게 아니라 내가 물건을 소유하겠다고 말이야.

아들아, 주위를 둘러보고 네가 갖고 있는 것들을 살펴보렴. 그중 지난주에 쓴 물건이 몇 개나 되니? 너의 하루하루를, 인생을 바꿀 만큼 소중한 물건이 몇 개나 되니? 처음 손에 들어온 이후에도 꾸준히 너를 행복하게 만들어준 물건이 몇 개나 되니? 단언컨대 별로 없을 거야. 또 그중 남에게 기꺼이 주고 싶은 것이 몇 개나 되는지 생각해보렴. 그 역시 별로 없을 거다.

우리가 소유한 물건들 중 대부분은 아주 우연히 우리 인생에 들어온 거란다. 그중엔 자신이 직접 돈을 주고 산 것도 있을 테고, 선물을 받은 것도 있을 거야. 하늘에서 내리는 눈처럼 물건들은 서서히 우리 곁에 쌓이고 또 쌓여서 급기야는 우리의 정체성을 대신하게 되지. 우리가 곧 물건이 되고 물건이 곧 우리가 되는 거야.

왜 물건을 버리지 못하냐고 물으면 사람들은 갖가지 이유를 대지.

"소중한 사람에게서 받은 선물이라서요."

"나중에 쓸 거예요."

"언젠가 필요할지도 모르잖아요."

"나만큼 이 물건의 진가를 알아보는 사람도 없을걸요."

팔지 못하는 이유도 아주 다양해.

"이만한 가격에 똑같은 물건을 다시는 살 수 없을 거예요."

"이런 걸 누가 사겠어요."

핑계들은 많지만 그 속뜻은 한마디로 요약할 수 있단다. '내가 갖고 싶어요' 라고 말이다. 갖고 있어야 할 이유도 모르면서 말이지.

자신이 집착하는 그 물건이 이미 나비에서 애벌레로 변신했다는 사실을 그들은 알지 못해. 처음 그 물건들은 환상의 날개를 갖고 있었지. 마치 우리에게 자유와 행복을 주는 것같이 느껴지고 말이야. 우리 인생을 바꿀 만큼 대단한 힘을 갖고 있다고 생각했지. 물건을 살 때는 설레는 마음에 기운도 마구 솟고, 그것이 아주 대단한 것처럼 보이기 때문에 다른 데에는 눈도 돌리지 않아.

그리고 마침내 그것을 손에 넣으면 아주 잠깐 동안은 신이 난단다. 하지만 바로 다음 순간, 메아리처럼 공허함이 찾아들지. 소유하기 전까지 온몸을 채우던 떨림이 일단 물건이 손안에 들어오자 시들해지는 거야. 그러고 나서 또 다른 환상이 생기면, 처음부터 다시 이러한 반복이 시작된단다.

그렇게 점차로 많은 물건이 우리를 둘러싸기 시작하고, 그러다 보면 우리가 물건의 무게에 짓눌리게 돼. 물건을 갖기 위해서는 돈이 필요하고, 돈을 벌기 위해서는 일을 해야 하고, 또 도둑이 물건을 훔쳐가지 않을까 불안해하지. 게다가 어떤 물건을 다른 사람과 같이 쓸 것이냐 아니냐를 결정해야 한단다. 나중에 물건이 낡아가는 것을 보면 다른 걸 사야겠다고 생각해. 그렇게 물건은 어떤 식으로든 우리의 마음을 사로잡지.

그러고 나서 물건이 생기면 잠시 동안은 우리 인생의 한 부분을 차지한단다. 하지만 어느 날 눈을 떠보면, 아무 의미도 없지만 그렇다고 버리지도 못하는 무수한 물건이 사방에 널려 있음을 깨닫게 될 거야.

재산은 돌덩이처럼 우리 인생을 짓누르며 마음의 자유를 앗아간단다. 창조적인 영감이 사라지는 것은 물론이야. 그 자리에 욕망에 대한 책임감과 소유욕만이 가득 들어차 있을 테니까. 그리고 이토록 버거운 현실을 만드는 것은 다른 누군가가 아니라 바로 우리란다. 물질의 무게에 짓눌려 사는 삶에 자유는 찾아오지 않아. 환상의 날개는 끝없이 무거워지고 종국에는 날갯짓조차 멈춰버리겠지.

그럼 어떻게 하면 좋을까? 하루하루 고통스럽게 인내하거나 고매한 수도승처럼 살고 싶은 게 아니라면 재산을 완전히 처분할 수는 없을 거야. 그리고 이런 삶의 방식을 택한다고 해서 무조건 자유를 찾을 수 있는 것은 아니란다. 오히려 다시 가난이라는 제약에 얽매이고 말 테니까. 그건 물건에 대한 집착보다 나을 것이 없어. 가난에 대한 집착도, 부에 대한 집착도 모두 마찬가지로 자신이나 타인에게 부정적인 영향을 끼친단다.

그러니 일단은 네가 가치 있는 삶을 영위하는 데 어느 정도의 재산이 필요한가를 가늠해봐야 해. 그리고 그 판단에 따르렴. 그러면 정당한 가치를 인정하면서도 버거운 재산의 짐을 벗어버릴 수 있어. 판단이 잘 서지 않는다면 이렇게 한번 자문해보거라. 타인에게 더 많은 것을 베풀 수 있을 만큼 그 물건이 너에게 풍족함을 주는지, 또 그 물건의 시각적인 아름다움이나 유용성이 너의 정체성과 능력 향상에 도움이 되는지 말이다. 이와 같은 질문은 양심의 문제이기 때문에 명확하게 대답하기 어려울 거야. 하지만 솔직하게 대답해야 한단다.

어느 것이 좋다, 나쁘다고 딱 잘라 말할 수 있는 것은 이 세상에 없어. 성형외과 의사가 비싼 벤츠를 몰고 다녀서 수술을 제대로 못했다고 말할 수 있을까? 그에게 지구의 자원을 낭비하지 말라고 비난하며 싼 차를 몰고 다녀야 한다고 강요할 수 있을까? 그건 네가 판단할 일이 아니란다. 안타깝게도 세상은 완벽하지 않아. 그러니 자신의 재능을 통해 다른 이에게 이익을 주고, 더불어 개인의 욕심도 챙기면서 이 세상을 좀 더 살기 좋은 곳으로 만들고자 한다면 그것만으로도 충분해.

애초에 의사의 동기가 순수하지 못했을 수도 있어. 남에게 자랑하고 싶어 화려한 차를 탔을 수도 있고, 값비싼 차를 타고 다니면 일이 더 잘된다고 합리화한 것일지도 모르지. 하지만 어떤 방식으로든 그가 누군가에게 도움을 주었다면 그것들은 별로 큰 문제가 되지 않아.

그럼 이제는 양심에 대해 한번 생각해보렴. 너 자신과 거리를 두고 철저히 제삼자의 눈으로 바라볼 줄 알아야 한다. 최근 들어

새로 장만한 물건이나 평소 애지중지하는 물건이 네가 이 세상에서 가치 있는 사람이 되는 데에 도움이 되는 것들이니? 네가 소유한 자동차 혹은 정장 몇 벌이 너의 사회적 위상을 높이는 데 반드시 필요할까? 젊은 시절에는 그런 것들이 무척이나 중요하게 여겨질 거다. 또 나이가 들면서는 자존심이나 체면 때문에 그러한 부분들을 쉽게 포기할 수 없을 거야. 하지만 아들아, 좀 더 빨리 지혜로워지고 싶다면 이 사실을 깨닫거라. 세상에는 무조건 많은 물건을, 또 새로운 물건을 사고 싶어 하도록 너를 조장하는 존재가 아주 많다는 사실을 말이다. 그들의 목소리는 너 자신도 모르게 네 인식 속으로 들어와 재산의 의미를 왜곡시키고, 너의 행복이 물건 따위에 달려 있다고 착각하게 만들지. 그리고 네가 무엇을 소유하느냐에 따라 너의 가치가 달라진다는 거짓된 믿음을 심어둔단다.

아들아, 가치 있는 목소리와 그렇지 않은 목소리를 구별할 줄 알아야 한다. 적게 가졌을 때 소유의 가치가 더 높아진다고 말하는 지혜의 목소리에, 물건은 쌓아두었을 때보다 함께 나눌 때 더욱 심오한 의미를 갖는다고 속삭이는 조용한 지혜의 목소리에 귀를 기울여라.

많은 재산을 갖고 있을 때 더 훌륭한 사람이 될지, 다른 사람과 함께 나눌 때 더 훌륭한 사람이 될지, 다른 사람에게 베풀 때 더 나은 사람이 될지, 너의 손길을 간절히 원하는 이 세상에 선한 일을 할 때 더 나은 사람이 될지 잠시나마 시간을 내어 자문해보렴. 값비싼 청바지가 널 더 나은 사람으로 만들어준다면 바지를 사도 좋아. 단 유행이 바뀔 때마다 더 비싼 청바지가 계속해서 시장에 나온다는 걸 유념하렴. 그 사실을 모른다면 너는 욕망을 일으키는 숨은 의도를 간파하지 못하고, 네 인생이 보잘것없다고 속삭이는 거짓된 힘에 농락당하게 될 거야.

물건을 살 때는 늘 가치에 대해 잘 생각해봐야 한다. 네가 이 세상에 필요한 사람이 되는 데 도움이 되는 물건인지, 아니면 그저 물건의 이미지에 현혹된 것인지를 깨달아야 해. 마냥 물건을 사들여 쌓아두기 전에 네 욕망의 동기와 물건의 가치를 잘 들여다보렴. 재산에 대한 대부분의 욕심은 사실 그저 욕망에 지나지 않아. 그리고 그것은 사람들을 행복하게 하기보다는 불행하게 한다는 것을 네가 깨닫는다면 좋겠구나. 물건에 대한 소유욕은 네 인생에 한계를 부여하고 선택의 자유를 빼앗아 이 세상을 자유롭게 여행하지 못하도록 만든단다. 그것은 카멜레온처럼 갖고 싶을 때에는 아름다워 보이지만 일단 손에 넣으면 버거운 책임감으로 바뀌지. 또한 너의 시선이 하늘이 아닌 지상에만 머물게 만들어. 더구나 네 가치를 높이기 위해 쌓은 재물이 너를 둘러싼 많은 사람들의 가치를 높이는 것과 비교해보면 공허한 것에 지나지 않지.

그 무엇보다 중요한 것은, 재산이란 네가 활용하는 대로 그 형태가 만들어진다는 사실이야. 재산이 풍족해서 남에게 더 많은 것을 베풀 수 있다면 그 물건은 좋은 것이지. 하지만 재산의 양에 따라 사람의 가치를 평가한다면 그 물건은 나쁜 것이 돼. 재산에 의미를 부여하는 것은 바로 너 자신이다.

가끔은 스스로를 정화하도록 해. 좀처럼 사용하지 않는 것은 과감히 남에게 주고, 가벼운 배낭 하나만 들고 긴 여행을 떠나기도 해보렴. 네가 평소 아주 소중하게 여겼던 물건도 너의 내면에 비춰보면 그저 장식에 지나지 않았다는 사실을 깨우치게 될 거야.

아들아, 살아가는 데 반드시 필요한 것을 소유하고 베풂으로써 네 재산의 가치를 높이도록 해라. 그러지 않고 욕망만 좇으며 물건을 쌓아간다면 하늘을 날 수 있는 너의 날개는 언젠가 꺾이고 말 거야.

베풂에 대하여 About Giving

　크리스마스가 다가오고 있구나. 내가 1년 중 가장 좋아하는 때가 바로 지금이란다. 이 짧은 시간만큼 우리는 자신의 욕심에서 한 발짝 물러나 다른 사람들에게 어떤 행복을 줄 수 있을까를 고민하지. 그리고 행복해하는 사람들의 얼굴에서 무한한 기쁨을 느껴. 이토록 단순하고 쉬운 인생의 교훈을 우리는 왜 이리도 쉽게 잊고 사는지 모르겠구나.

　하지만 크리스마스가 지나가자마자 사람들은 다시 욕심쟁이로 돌아가버리지. 며칠 전만 해도 주위 사람이 기뻐하는 모습을 보며 행복해했었는데, 축제가 끝나는 즉시 언제 그랬냐는 듯 다시 약삭빠른 사업가가 되어 '받는 만큼만 베풀겠다'는 계산적인 생각을 하는 거야. 어쩌면 그리도 빨리 잊을 수가 있을까?

베풂이란 인간의 행위 중 가장 아름답고 놀라운 것이란다. 무거운 가슴을 따뜻하고 즐겁게 만들어주는 기적이라고도 할 수 있어. 돈이든, 시간이든, 관심이든 혹은 그 밖의 무엇이든 남에게 진정으로 베풀 수 있다면 우리의 가슴은 활짝 열릴 거야. 그리하여 베푸는 사람에게는 충만감이, 받는 사람에게는 따뜻한 온기가 생겨나지. 전에는 텅 비어 있던 공간이 새로운 기쁨으로 채워지는 거야.

그런데 왜 사람들은 이러한 베풂의 기쁨을 쉽게 잊어버리는 걸까? 그건 인간이 본능적으로 받는 것에 익숙하기 때문이란다. 명예나 재물 등을 충분히 쌓아놓아야만 자기 자신이나 가족을 보호할 수 있다고 생각하는 거지. 또 노동을 제공하는 만큼 그에 따른 보상을 받아야 한다고 생각해. 이렇게 서서히 개개인의 욕구가 높아지면서 사람들 간의 방어벽도 높아지고, 남에게 베풀기만 하는 사람은 바보 취급을 당하지. 어쩌다 남에게 베풀면서 속으로는 계산을 하는 경우도 많아. '이걸 주면 내가 손해를 보는 건데'라고 생각하기도 하고, 아주 작은 선물조차 보답을 바라며 주게 되기도 하지. 자비를 베풀면서 남들의 칭찬을 계산하기도 해. 이 모든 게 순수한 즐거움을 누리지 못하는 베풂이지. 우리는 이기심이라는 감옥에 갇혀 있단다. 이 감옥 안에 갇혀 있으면 남에게 베풂으로써 우리의 내면이 얼마나 성장하고 행복해질 수 있는지 잘 알지 못해. 이러한 감옥에서 빠져나올 방법은 단 하나란다. 보상을 생각하지 않고 그저 손을 내밀어 베푸는 거야.

나는 매년 크리스마스가 되면 산타클로스 옷을 빌려 입고 거리로 나가 이러한 교훈을 새롭게 되새긴단다. 나라는 사람은 숨기고 그저 산타클로스, 선물을 주는 사람이 되어 요양원에도 가고 초등학교에도 가고 병원에도 들르지. 그곳에서 아이들과 이야기를 나누기도 하고, 주차장에서 만난 사람들에게 선물을 안겨주기도 해. 부모님들은 내게 쪽지로 이런저런 부탁을 한단다. 아이들에게 산타클로스가 정말로 존재한다고 얘기해달라는 사람도 있고, 그저 관심을 가져달라고 말하는 사람도 있어.

언젠가 한 유태인 부부가 나를 한쪽으로 데리고 가더니 자신들의 아들과 얘기를 해달라고 부탁하더구나. 유치원에서 유일한 유태인이었던 그 아이는 자신이 유태인이라 산타클로스가 자길 싫어할 거라고 생각했지. 그래서 산타클로스를 보고도 다른 아이들처럼 선뜻 앞으로 달려 나오질 못했지. 나는 그 아이의 손을 잡고 아이의 부모님과 함께 앉아 하누카(hanukkah, 유태교의 봉헌절)와 베푼다는 것에 대한 이야기를 들려주었어. 한참 뒤 내가 일어설 때쯤, 아이는 나를 꼭 껴안으며 이제는 산타클로스를 무서워하지 않겠다고 말했지. 유태인과 산타클로스는 서로 어울리지 않는 존재인지 몰라도, 그때 우리는 인간 대 인간으로 교감할 수 있었던 거야.

이렇게 산타클로스 노릇을 하려면 돈과 시간이 적잖이 소요된단다. 하지만 후회는 하지 않아. 받는 데에만 급급한 사람들은 내 말을 잘 이해하지 못할 거야. 내가 좋은 일을 한다는 생각 정도는 하겠지. "마음이 참 보람되겠어요"라고 말할 수도 있을 거야. 하지만 단순히 보람된 마음 이상의 의미가 그 이면에 숨어 있다는 사실은 이해하지 못할 거다. 인간의 베풂은 이 세상에 선(善)을 만들어준단다. 전에는 아무것도 없었던 세상에 선을 가져다주는 거야.

베푼다는 것은 새로운 것을 생산하는 것과 같아. 서로 다른 세계 안에서 각기 다른 것에 관심을 둔 두 사람이 '나눔'이라는 특별한 행동으로 만나면, 두 사람 사이에는 따뜻함과 기쁨이라는 감정이 만들어지지. 그로써 세상은 넓어지고, 그 안에 선이 싹트면서 작은 기적이 일어나는 거야. 이 작은 기적을 하찮게 여기지 말려무나. 세상에는 테레사 수녀님이나 알베르트 슈바이처 혹은 산타클로스의 삶과 같은 인생을 지향하는 사람이 의외로 무척 많단다. 스스로의 능력 안에서 베풀 수 있는 것이라면 언제든지 팔을 걷고 나서는 이들은 언제 어디서나, 누구를 대하고 있든 가슴을 활짝 열어 보이지.

아들아, 너도 한번 그렇게 살아보는 게 어떻겠니? 방법은 어렵지 않아. 아주 사소한 일부터 시작해보는 거야. 어떤 이유로 사람들에게 무시당하고 핍박받는 사람에게 먼저 다가가 인사를 건네보렴. 이웃집의 마당 청소를 함께 거들어보거라. 차를 몰고 가다가 타이어가 펑크 나 쩔쩔매는 사람이 있거든 곧장 차를 세우고 도와주거라. 그런 베풂에서 기쁨이 느껴진다면 조금만 더 시간을 내보렴. 꽃다발을 들고 요양원에 찾아가보는 거야. 일상 속에서의 네 발걸음이 한결 가벼워질 거야. 단 주의할 것이 있어. 누구를 만나든 결코 동정은 하지 말거라. 누구에게 무엇을 베풀든, 네가 대단한 자비를 베푼다는 뜻이 담긴 말을 절대 해서는 안 돼. 그저 말 없이 베풀고, 미소를 지은 다음 네 갈 길을 가면 되는 거야.

그런 생활을 지속하다 보면 너는 서서히, 아주 서서히 내가 말하는 기적의 의미를 이해할 수 있을 거야. 갑옷으로 무장된 인간의 가슴속 진실을 들여다볼 수도 있을 거야. 마음이 저절로 행복해져 네 얼굴엔 매 순간 미소가 고여 있을 테고, 전엔 인지조차 하지 못했던 인간성의 참다운 진실을 깨닫게 될 것이다. 또 서서히 세상 모든 사람들의 가슴속에 공통된 그 무엇인가가 있다는 것을 본능적으로 알게 되겠지.

본래 인간에게는 관심과 공감이라는 작은 행동을 통해 기쁨과 행복을 만들 수 있는 능력이 내재되어 있어. 때문에 먼저 나서서 선한 마음을 베풀면 상대방의 가슴속에 숨어 있던 선한 마음도 언젠가는 드러나게 되어 있단다.

베푸는 삶을 살면 너도 알 수 있을 거야. 네가 먼저 베풀면 베풀수록, 이 세상에 베푸는 사람이 많아진다는 사실을 말이다. 네가 어디에 살고 어떤 곳을 여행하든, 네가 베풀고자 하는 사람이 다른 나라 사람이든 이름을 알든 모르든, 베풂이라는 작은 행위 하나만으로 너는 그들과 하나가 될 수 있단다. 서로를 인식하고 작은 행동 안에서 마음으로나마 서로를 바라보고, 그리하여 서로를 알고 감싸 안게 되지. 그로써 진정한 신뢰를 바탕으로 주위 모든 사람들에게 부드러운 가슴을 내밀어 보일 수 있단다. 아들아, 기억하렴. 진정으로 베풀 줄 아는 사람은 절대 홀로 남겨질 일이 없단다.

재산에 대하여 About Fortune

　돈은 사람의 인생을 지배한단다. 어쩌면 누군가는 이 말을 부정할지도 모르겠구나. 돈을 외면하며 그런 것엔 관심이 없다고, 자신은 돈에 대해 완전히 초월했다고 말하는 사람도 있겠지. 하지만 돈이 이 세상을 살아가는 데 굉장히 중요한 요소라는 건 부정할 수 없는 사실이란다. 물론 그렇다고 해서 돈이 세상에서 1순위라는 말은 아니야. 돈은 인생의 가치를 끌어올리는 영속적인 가치와는 무관한 문물이니까. 가장 중요하진 않아도 인생을 살아가는 데 없어서는 안 될 돈, 이것을 우리는 어떻게 다루어야 할까?

　돈을 관리하는 방식은 사람마다 제각기 다르단다. 언젠가 온

지역을 돌아다니는 방랑자와 싸구려 와인을 마신 적이 있어. 그 사람이 가진 재산은 주머니 속의 동전 몇 푼이 전부였지. 또 언젠가는 동전 따위는 만져볼 일도 없는 엄청난 재산가와 밤새 이야기를 나눈 적도 있었단다. 다시 가난해질까 봐 거지에게 동전 한 닢조차 베풀지 못하는 벼락부자도 만나보았고, 하루 벌어 하루 먹고살 만큼 가난해도 언제든 남에게 베풀 준비가 되어 있는 사람도 많이 만났어. 자비심이 많은 부자를 본 적도 있고, 배고파서 도둑질을 할 만큼 지독하게 가난한 사람, 소매치기, 성자와 이야기해본 적도 있었단다. 그런데 이 모든 사람들에겐 한 가지 공통점이 있었어. 가진 돈의 액수가 아니라 돈에 대한 태도에 따라 재산을 관리하는 방법이 달랐다는 점이지.

기본적인 관점에서 보면 돈은 아주 정확하고 냉정한 성질을 갖고 있어. 그런데 좀 더 심리적인 측면에서 보면 돈은 그저 허상에 지나지 않는단다. 네 의식이 그것을 어떻게 설정하느냐에 따라 돈의 성격은 달라지지. 두 사람을 예로 들어 설명해볼게.

먼저 오로지 자신의 욕망에 따라 살아가는 사람이 있어. 그는 광고에서 보고 혹한 물건이나 평소 갖고 싶던 물건을 가지면 아주 행복해하지. 그 사람은 본능적으로 자신의 욕망을 채우는 데 돈이 얼마나 필요할지 매우 정확하게 계산해내. 그리고 원하는 것을 전부 갖지 못하면 불행해하지.

이 사람을 보면 알 수 있듯, 욕망을 채우는 것과 행복은 별개의 문제란다. 돈을 가장 기본적인 관점으로만 바라보는 이 사람은 자신이 처한 현실과 자신이 만든 환상의 거리를 좁히지 못하면 스스로가 무척 가난한 사람인 것처럼 느껴. 때문에 그 환상을 현실화하기 위해 늘 돈을 필요로 하지. 그러나 그가 백만장자가 된다 한들, 그의 환상은 언제나 현실보다 높을 것이기에 마음은 언제까지나 가난할 거야.

또 다른 사람이 있어. 이 사람은 돈을 살아가는 데 필요한 '수단'이라고만 여겨. 그래서 주머니 속에 당장 그날 밥 먹을 돈만 있으면 뿌듯해지지. 필요한 돈보다 몇 푼 더 있으면 굉장한 부자가 된 것처럼 어깨가 으쓱해지기도 해. 그는 욕망이 충족되지 않았다고 우울해하는 일이 없어. 그렇기에 욕망을 충족시키는 데 얼마만큼의 돈이 필요할지 계산할 필요도 못 느끼지. 예기치 못하게 생긴 공돈을 친구 선물을 사는 데 쓰기도 하고 남을 돕는 데 쓰기도 하는 등, 어디까지나 마음이 가는 대로 소비해.

너도 눈치 챘겠지만, 이 두 사람의 행불행은 돈의 액수에 따라 결정된 게 아니란다. 바로 돈에 대한 마음가짐에 따라 다른 것이지. 혹 두 사람에게 똑같은 액수의 돈이 주어진다 해도, 돈의 가치를 욕망에 따라 재는 사람은 늘 불행할 테고, 작은 돈에 감사하고 만족하는 사람은 자신의 욕망을 적절히 통제하면서 살아갈 거야.

물론 균형을 유지하는 것 또한 상당히 중요해. 사람답게 생활하기 위해서는 아주 기본적으로 필요한 것들이 많이 있기 때문이지. 먹을 것, 입을 것, 집 그리고 난방비나 일상의 즐거움을 위해 필요한 것들 말이다. 이런 최소한의 욕구조차 충족시키지 못할 만큼 가난하다면 절대로 마음의 평화를 누릴 수 없어. 재물에 대한 욕심이 아무리 없는 사람이라도 의식주를 해결하기가 힘들거나 자식들을 제대로 돌볼 수 없을 만큼 돈이 없다면 매사 가난에 쪼들린다는 심적인 압박감에서 벗어날 수가 없지 않겠니. 생존에 필요한 가장 기본적인 돈이 뒷받침되어 있지 않으면 그때부터는 돈이 인생에서 가장 중요한 문제로 둔갑하게 돼. 돈에 쪼들리는 사람의 가슴이 절망과 분노로 채워지는 건 시간문제란다.

아들아, 너에게는 절대 그런 일이 일어나지 않기를 바라지만, 혹 이 지경에 이른다 해도 반드시 그 절망과 분노를 딛고 일어나야 한다. 이 말을 이해하는 사람은 그리 많지 않을 거야. 그리고 그것을 해내는 사람은 더더욱 적겠지. 무언가를 소유한 사람은 자신이 소유한 무언가가 없을 때의 기분을 잘 알지 못해. 마음속을 휘젓는 가혹한 절망과 분노의 힘이 얼마나 강한지, 그 상황에 처해보지 않고서는 결코 알 수 없지. 혹 네가 숨 막힐 듯한 가난의 절망과 분노에 휩싸인 자신을 발견하게 된다면, 반드시 딛고 일어나 희망을 이야기하라고 말해주고 싶구나. 가슴속 깊은 곳에 네가 무엇에도 비할 수 없이 가치 있는 존재라는 신념을, 그리고 앞으로 얼마든지 더 나은 사람이 될 수 있다는 강한 믿음을 심어두어라. 그런 후에 기회가 닿으면 너를 기꺼이 도울 수 있는 누군가를 찾아가 너의 그 신념을 이야기하렴.

이 세상엔 절망에 빠진 사람들이 참으로 많지. 하지만 대부분의 사람들은 눈에 보이는 것에만 반응하기 때문에 그들을 돕고 싶은 마음이 있어도 방법을 잘 몰라. 오랫동안 굶주린 사람을 만나면 먹을 것을 주려고 하고, 화가 잔뜩 나 있는 사람을 보면 진정시켜주고 싶어 해. 그러나 그것은 일시적인 도움일 뿐이지.

하지만 재능이 뛰어난 사람을 만나면 그의 재능에 날개가 달릴 수 있도록 도와줄 거야. 그러니 생존을 위해 남의 도움을 받을 수밖에 없는 상황이라면, 화가 나거나 배고픈 사람이 아니라 유능한 사람이 되어야 해. 어떤 상황 속에서든 절망과 분노만을 품으면 남을 불편하게만 만들 거란다. 그리하여 그저 그들 스스로 죄책감에서 벗어나기 위한 미미한 도움밖에는 받을 수 없어.

가난의 절망을 극복할 때 너의 손을 잡아줄 유일한 친구는 일뿐이라는 것을 잊지 말거라. 어쩌다 한 번 누군가가 동정을 베풀 수도 있겠지만 그건 아주 일시적인 도움밖에는 안 될 거야. 동정만으로 가난이 부른 분노와 무기력이 완전히 해소되는 건 불가능하단다. 하지만 일을 하면 스스로가 가치 있는 존재임을 느끼며 절망을 떨쳐낼 수 있어. 아무리 보잘것없는 일일지라도, 모든 일은 성장의 토대를 마련해주고 고지를 향해 나아갈 힘과 기반을 만들어준단다. 그러니 가난의 무게가 감당할 수 없이 무겁게 짓눌러온다면 돈을 찾지 말고 일을 찾거라. 그럼 돈은 저절로 따라오고 네 숨통을 조이던 분노와 절망은 사그라질 거야. 그리하여 돈은 네 인생의 중심에서 변두리로 물러나, 인생을 살아가는 데 필요한 하나의 도구로 자리 잡을 거란다.

물론 가난을 떨치기만 하면 무조건 돈이 인생의 중심에서 비껴나는 것은 아니야. 개중에는 가난을 피하기 위해 지독히 돈을 쓰지 않고 쌓아만 두면서 돈이 숨통을 조인다고 느끼는 사람도 있어.

네가 궁핍하지 않을 정도의 돈에 만족한다면, 네게 돈은 추상적인 질서를 따르는 개념으로 바뀐단다. 즉, 돈은 이자를 낳고, 그것을 가진 사람은 투자 방법을 고민하고 받은 수입만큼 세금을 내야 하지. 그렇게 그 자체로 하나의 재산이 되는 거야. 돈에는 뿌리와 가지가 있어서 보통 사람들은 잘 모르는 경제의 바람에 휘둘린단다. 그럴 때는 정원사가 되어 돈을 손질해야 해. 그러지 않으면 돈이 네 마음을 휘두르게 될 테니까.

가난의 시련과 부유함의 고난에 휩쓸리지 않고 돈을 다스리려면 어떻게 해야 할까? 뭐라고 딱히 결론 내릴 만한 규칙 같은 것은 없단다. 다만 가슴에 반드시 새겨두어야 할 기본적인 원칙을 몇 가지 말해주마.

첫째, 부자가 되는 법을 배우는 것만큼 가난한 자가 되는 법을 배워야 한다.

재산이 많은 것은 단순히 환경에 지나지 않아. 돈은 언제든 버릴 수 있으며, 그럼 한순간 가난해지는 거야. 가난에 처해 있어도 위엄과 명예를 지키는 법을 배운다면, 금전적인 위기가 닥쳤을 때 마음의 평화를 유지하는 법도 알게 될 거야. 가난한 사람이 된다는 것은 '꼭 필요한 것'과 '갖고 싶은 것'의 차이를 정확히 아는 것을 의미한단다. 그건 곧 스스로의 인생을 통제하는 법을 깨닫는 것과 같아. 자신의 물건을 수리하고 아껴 쓰는 법, 현명하고 효율적으로 쇼핑하는 법, 충동구매를 하지 않는 법, 아주 작은 것에서 만족을 느끼는 법 등이 있지. 이것이 소유하지 않은 어떤 물건에 얽매이지 않고 소유한 것 안에서 의미를 찾는 길이야. 다시 말해 돈을 인생의 중심에 두지 않고 자신이 주체가 되어 멋지고 창조적인 삶을 꾸려나가는 길이지.

이러한 교훈은 거듭 되새겨야 할 거야. 특히 가난에 처해 있을 때는 반드시 필요하단다. 가난하게 사는 법을 모르는 사람은 어떤 상황에 처해 있든 자신이 전혀 가난하지 않은 듯 위장하려고 해. 남의 돈을 빌려 허례허식을 하며 거짓되게 살지. 가난을 결함으로 생각하기 때문이야. 이렇게 살아서는 가난의 덕(德)이 가르치는 지혜를 평생 깨닫지 못해. 가난을 나눔에 대해 배울 수 있는 기회로, 무의미하다고 생각한 것에서 의미를 발견할 기회로 삼지도 못하지. 그래서 가난이 다가오는 것 같으면 필사적으로 도망가기 위해 무슨 일에든 덤비려 하고, 타인에게는 그 사실을 숨기려고 들어. 그들에게 있어 돈은 곧 자신들의 정체성이나 다름없기 때문에 돈이 없으면 마치 자기 자신이 사라지는 것 같은 망상에 시달리지.

  가난을 받아들이는 법만 깨닫는다면 가난은 그 사람을 더욱 현명하고 강한 사람으로, 독립적인 인격체로 만들어준단다. 인생의 선물을 값진 것으로 느끼게 하고 인생에서 누리는 것에 진정으로 감사하게 만드는 것으로 가난만 한 게 없어. 단, 앞에서 말한 규칙에 따라 산다는 전제 하에서의 얘기란다. 우리에게 부여된 인생의 한계를 얼싸안을 줄 알아야 가능한 거야. 이것을 인정하지 못하면 돈이 많든 적든 상관없이 평생 절망의 낭떠러지에 매달려 위태롭게 살게 될 거란다. 가난해지는 법 그리고 가난하게 사는 법을 알고 있는 사람은 돈이 아무리 없어도 절망하지 않아.

  두 번째 원칙으로, 금전적인 행복의 가장 큰 적은 가난이 아니라 빚이라는 점을 명심해야 해.

  빚의 장점을 세뇌시키며 교묘하게 빚을 내도록 만드는 악의 무리가 세상에는 참으로 많구나. 그들은 끊임없이 사람들에게 '돈을 빌리는 것은 정당하다'라는 메시지를 보내지. 그러고는 당장 돈을 갖고 있으면 내일 행복할 수 있다며 온갖 감언이설로 너를 현혹하려 들 거야. 카드로 옷을 사게 하고 그걸 신용이라고 부르는 것도 같은 경우지. 오늘날의 시장에서 빚과 신용은 같은 말이 되었더구나. 당장 쓴 돈을 갚기 위해 너의 미래를 저당 잡히는 것은 너도 바라지 않겠지?

  빚은 곧 적이란다. 언젠가 너의 행동과 선택의 자유를 빼앗아 버릴 악마와 같은 존재지. 물론 경우에 따라 투자를 해서 큰돈을 벌 수 있는 아주 확실한 기회가 찾아온다면 대출을 감행해야 하겠지. 당장 빚을 지는 게 결과적으로 도움이 되고 이득을 창출할 수 있다면 말이야. 하지만 대부분의 경우 빚은 우리의 미래를 막아설 뿐이야. 미래가 막히면 희망은 죽어가기 시작하겠지. 과거의 빚을 갚기 위해 너의 인생을 다 바쳐야 하기 때문에 네 영혼은 나래를 펼 수가 없을 거야. 그러니 너의 개인적인 인생에서 빚은 가능하면 멀리하도록 해. 꿈과 미래를 저당 잡힌 채 공허한 눈으로 매일 매일 무거운 빚의 수레바퀴에 매달린 사람만큼 불행한 사람이 또 있을까? 단 한 푼의 빚도 없이 주머니에 들어 있는 지폐 한 장만으로 부자가 된 듯한 기분에 가볍게 한 발, 한 발 걷는 자보다 행복한 사람이 있을까? 한 푼의 빚도 지지 않고 욕망의 노예로 살지도 않으면 돈의 지배로부터 자유로울 수 있어. 의미 있는 인생을 추구하는 동시에 자유롭게 일하며 돈을 벌 수가 있지.

세 번째로, 돈은 돈을 벌려는 사람에게서는 도망치고 나누려고 하는 사람에게 다가간다는 사실을 깨달아야 해.

돈을 모으기만 하겠다고 결심하는 순간은 곧 가슴속에 커다란 감옥을 짓는 것과 같단다. 그 무엇도 침범할 수 없고 그 무엇도 빠져나올 수 없는 감옥. 그 감옥을 만든 주인은 돈을 모으거나 잃으면 재빨리 감옥의 문을 닫아버려. 곁에 있는 사람들로부터도 마찬가지지. 이 세상에는 기회와 필요 그리고 인간의 상호 작용으로 인해 복잡하게 얽힌 '자유 교환'이라는 것이 작용하고 있는데, 이 감옥 속에서는 교환의 신선한 공기가 완전히 차단된단다. 온갖 가능성으로부터 닫혀 있고 빈약한 통제에 의해서만 지켜질 뿐이지. 그럼으로써 감옥의 주인은 당장 소유한 것만 계속해서 소유하게 되고, 인생을 끊임없이 계산하며 살게 돼. 그러다 그만 보이지 않는 그 무엇에게 자신이 그토록 힘겹게 지킨 것들을 꼼짝없이 빼앗기게 될 거란다.

그렇다면 가진 것을 다른 사람과 함께 나누는 삶은 어떠할까?

이러한 삶을 지속하면 타인의 가슴속에 있던 나눔의 마음을 끄집어낼 수 있어. 그러면 돈은 자유롭게 움직일 거야. 나눈다는 것은 함부로 낭비하는 것과 달라. 낭비는 아무 생각 없이 흥청망청 쓰는 거지만 나눈다는 것은 자신의 돈으로 다른 사람이 의미 있는 일을 할 수 있도록 도와주는 거니까. 거기에 어떤 보답을 바라거나 조건을 붙인다면 진정한 나눔이라 할 수 없겠지. 나눔을 베풀 수 있다면 너는 서로 돕고자 하는 사람들과 언제까지나 나누고 함께할 수 있단다. 또 사람들은 네가 보여준 친절함에 대해 친절함으로 갚아줄 거야.

돈은 여러 사람이 함께 쓰는 언어와 같아. 해외여행에서 같은 언어를 쓰는 사람을 만나면 무척이나 반갑지 않니? 네가 돈을 나누는 데 인색하고 쌓아두기만 한다면 마찬가지로 돈을 쌓아두고 아끼려는 사람들만 만나게 될 거야. 주위에는 닫힌 마음으로 늘 주먹을 꼭 쥔 사람만이 넘칠 테고, 너는 끊임없이 이 사람, 저 사람을 의심하며 살게 되겠지. 하지만 반대로 돈을 나누기 시작하면 주위에도 나누려는 사람들만이 존재할 거야. 그리고 그런 사람들이 모인 곳에는 무한한 가능성이 펼쳐지게 마련이지.

무엇보다 중요한 사실이 있어. 돈에 인색하게 굴어서 가장 불행한 사람은 주변 친구들도, 가족들도 아니고 바로 자기 자신이라는 거야. 돈이란 돌고 도는 거란 말도 있지 않니. 그런데 손해 보는 것을 견디지 못하는 수전노는 그와 같은 교환의 기본 법칙 중의 하나인 잃는 경험을 달게 받아들이지 못해. 반면 나눌 줄 아는 사람은 수중에 돈이 없을지언정 마음만은 늘 부유하지. 재정 상황이 어떠하든 그건 일시적인 문제일 뿐이라는 원리를 알기 때문이야. 그리고 대개 그런 사람들의 나눔은 다른 사람들의 내면에 있는 나눔의 정신에 불을 밝히게 마련이야. 이와 같은 돈의 흐름은 모든 사람을 풍요롭게 만들어줘. 주는 사람이나 받는 사람 모두에게 선물이 되는 거지.

언제든 돈이 떨어질 수 있다는 것을 인정하는 사람들은 돈에 대한 또 다른 원칙을 알고 있단다. 우리가 앞으로 나아가는 데는 돈을 잃는 경험 또한 필요하다는 사실이야. 그런데 한 푼이라도 손해를 보지 않으려는 사람은 오직 이기고자 하는 욕구에 얽매이고, 때문에 어떤 물건을 아주 비싼 값을 치러 사들이기도 할 거야. 어떤 상황에서도 손해만은 보지 않으려고 하는 사람은 그 무엇인가의 덫에 걸려 앞으로 나아갈 수 없게 된단다. 때로는 돈 한 푼 아끼는 것보다 앞으로 나아가는 게 훨씬 중요할 때가 있고, 또 때로는 돈을 아끼는 게 훨씬 중요할 때도 있지.

  오래전 우리 동네에 살던 늙은 구두쇠 노인이 기억나는구나. 당시 그는 개집을 만들어 팔았는데, 일을 하면서도 굉장히 가난했어. 우리 동네는 그 지역에서 가장 가난한 동네였고, 개집은커녕 자기가 살 집조차 없는 사람이 수두룩했기에 개집이 안 팔리는 것은 당연했지. 그런데 그 노인은 개집을 굳이 85달러에만 파는 거야. 그 가격의 개집을 살 사람은 동네에 단 한 사람도 없었는데 말이야. 언젠가 개집을 살 일이 생겼던 나는 그를 찾아갔지. 수중에 70달러밖에 없다고 했더니 그는 딱 잘라 말하더 구나.

  "85달러 이하로는 절대로 못 팔아."

  그러고는 문을 쾅 닫는 게 아니겠니.

  그 후 한참 뒤에 그의 집을 지나간 적이 있었는데, 마당에 개집이 산더미처럼 쌓여 있더구나. 거의 무너질 듯한 그의 집이 심각해진 그의 가난을 보여주었어. 그러나 아마 앞으로도 그 노인은 개집 가격을 내리려 하지 않을 거야. 나눔을 모르는 그의 머릿속은 오로지 그 가격만을 산정해놓고 있을 테니 말이다. 단 한 푼이라도 손해 볼 수 없다는 헛된 고집을 떨치지 않는 한, 그의 인생은 단 한 발짝도 나아가지 못할 거야. 자기 손으로 만든 개집의 노예가 되어 사방으로 육중한 가난의 벽을 쌓아가겠지. 그러다 결국 개집에 파묻혀 망하지 않을까. 그가 완전히 망하고 나면, 개집은 5달러도 채 안 되는 가격에 팔릴지도 모르겠구나.

이 노인을 거울삼아 돈의 원리를 배우도록 하렴. 그는 매일같이 아무것도 하지 않고 개집 만드는 것에만 매달렸고, 그렇게 만든 상품의 가격을 지키기 위해 노력했어. 무척이나 성실한 삶이 아니니. 그런데도 실패한 것은 가격보다 더 큰 가치가 있다는 사실을 알지 못했기 때문이야. 인생에서 성장에 도움이 되는 것보다 가치 있는 것은 없단다. 네가 과거에 소유한 것을 떨침으로써 당장 손해를 본다 하더라도, 그것은 앞으로 영원히 자유롭게 살고 계속해서 성장하는 밑거름이 되는 거야. 반대로 어떤 막연한 가치 평가에 얽매여 있다면 너는 그 물건에 저당 잡힌 것이나 다름없어. 만약 그 노인이 스스로의 마음을 잘 다스려 구입하는 사람이 원하는 값으로 가격을 매기려 했다면 개집의 진짜 가치를 팔 수 있지 않았을까?

거듭 강조하지만 돈이란 지극히 유동적인 성질의 것이어서 언제든 다가올 수도, 떠날 수도 있어. 부디 네가 이 사실을 명심하고 돈의 흐름에서 자유로웠으면 좋겠구나. 한 푼이라도 잃는 것은 용납하지 못하고 돈이란 그저 쌓아야 하는 것이라고만 주장한다면, 그건 우리네 인생을 꽉 채우는 들숨과 날숨의 법칙, 무엇이든 돌고 도는 자연의 법칙을 거스르는 일이란다. 너의 손을 스쳐간 돈이 언젠가 예기치 않게 다시 돌아올 수도 있고 그렇지 않을 수도 있어. 네 인생이 어떤 식으로 전개되든, 인간에게 가장 중요한 건 성장과 사랑이라는 것을 잊지 말도록 하렴.

만일 그래도 네가 돈이란 많으면 많을수록 좋다고 생각한다면 이 마지막 원칙을 명심하거라. 돈은 자신의 종족을 알아보는 성질을 갖고 있단다. 나는 이것을 '종의 인식'이라고 부르지. 10원짜리 동전을 굴리는 사람은 10원짜리만 벌고 잃고, 만 원짜리 지폐를 굴리는 사람은 만 원짜리 지폐를 벌고 잃어. 그리고 수백만 원을 굴리는 사람은 수백만 원을 벌고 잃지. 돈을 벌고 싶다면 네가 갖고 싶은 만큼의 돈을 다루는 사람과 어울려야 할 거야. 물론 한 푼, 두 푼 차곡차곡 모아 백만장자가 되었다는 성공담도 많지만, 그들의 삶을 들여다보면 작은 것에 얽매여 인생을 허비한 경우가 많아. 그런 삶은 가치가 없는 거야.

백만장자가 되고 싶다면 백만장자의 세계에 뛰어드는 데 필요한 규칙과 기술을 배우는 것이 좋단다. 그런 다음 그 세계 속에서 너의 재능을 유감없이 발휘해야 해. 백만장자가 몇 만 원을 굴리며 일하는 많은 사람들보다 더 뛰어난 능력을 갖고 있다고 말할 수는 없지만, 그들의 활동 무대에서는 큰돈이 움직이는 법이란다. 또 그들의 능력은 그 세계에서 통용되는 수준만큼 큰 보상을 받을 수 있어. 그러니 돈을 벌고 싶으면 돈과 가까이 있는 것이 좋단다. 돈은 돈이 있는 곳으로 가니 말이다. 네가 돈을 만지면, 돈도 너를 만질 거야.

네가 돈을 어떻게 다루겠다고 결정하든지 간에, 마음속에 소중한 진리 하나는 반드시 간직하거라. 네가 가진 돈의 액수보다 네가 다른 사람과 함께 나누는 것이 훨씬 중요하다는 것을. 돈은 본래 교환 법칙에 따라 만들어진 소모품에 지나지 않아. 그 소모품에 생명력을 불어넣고 의미를 부여하는 것이 바로 나누고자 하는 마음이지. 가진 돈이 많고 적고를 떠나서 아낌없이 베푸는 사람은 돈을 이용하여 세상에 빛을 가져오고, 나누는 데 인색한 사람은 돈을 이용해 사람과 사람 사이의 문을 닫아버려. 아들아, 너는 부디 베푸는 사람, 무엇이든 나누는 사람이 되거라. 진정으로 그렇게 한다면 지금 당장은 알 수 없겠지만 상상할 수 없는 원리에 따라 모든 일이 저절로 술술 해결될 거야.

여성과 남성에 대하여 *About Women & Men*

내가 이탈리아에 살던 시절을 이야기해줄게. 그땐 무더운 여름날이었단다. 내 룸메이트는 이란인이었는데, 이란 사람이라는 걸 드러내기 싫어 까미유라는 이름으로 자신을 소개했지. 어쨌든 우리는 서서히 친해졌고 점점 많은 시간을 함께 보내기 시작했어.

이탈리아에서는 초저녁쯤 동네를 산책하는 관습이 있단다. 가장 근사한 옷으로 갈아입고 동네에 있는 광장이나 분수대로 나가 와인을 마시거나 친구들과 산책을 하지. 서로 이야기꽃을 피우며 우정을 쌓는 시간이야. 떠도는 소문에 대해 숙덕거리거나 마음에 드는 이성을 유혹하는 재미도 빼놓을 수 없겠지. 나도 어느 날 까미유와 그의 친구 레자와 함께 산책을 나갔단다. 레자는 목소리도 크고 시원시원한 데다 장난기가 많은 사람이었어. 웃음도 많았지만 심각한 이야기를 할 때는 제법 진지해지기도 했지.

우리는 달이 황혼녘의 터스칸 언덕 위로 떠오를 때쯤 산책을 시작했어. 사물의 윤곽이 선명해지면서 낮에는 평범했던 거리가 카니발 축제 때처럼 시끌벅적해졌지. 그때 우리들 맞은편으로 세 명의 여자가 팔짱을 끼고 걸어가고 있었는데, 별안간 레자가 내 손목을 잡더니 이렇게 속삭이는 거야.

"내가 하는 거 잘 봐."

그러곤 여자들 앞으로 뛰어가더니 성적인 몸짓을 보이는 것이었어. 마치 동물원의 원숭이처럼 말이야. 당황한 여자들이 뒷걸음질을 치자 레자는 껄껄 웃으면서 우리에게 달려왔고, 까미유는 친구 때문에 창피했는지 땅만 내려다보고 있었어.

"이게 무슨 짓이야?"

어처구니가 없다는 듯 내가 묻자 레자는 이렇게 대답하더구나.

"아, 여자들은 이런 걸 좋아해."

이건 정말로 심각한 오해란다. 여자들은 절대 그런 걸 좋아하지 않아. 어쩌다 그런 일을 당하고 웃어넘기는 경우도 있겠지만 대개는 질색을 하고 기분 나빠한단다. 그런 행동은 여자를 성적 대상으로 만드는 짓이나 다름없어. 남자가 여자를 성적으로 희롱하는데 어떻게 당황하지 않을 수 있겠니.

주변을 둘러보면 간혹 여자를 노리갯감으로 비하하는 남자들이 있어. 트럭 탄 남자들이나 넥타이 맨 사업가들 그리고 거리에서 빈둥거리는 젊은이나 할 것 없이 지나가는 여자들에게 휘파람을 불거나 몸을 위아래로 훑어본다거나 괜스레 툭 치고 싱거운 소리를 해대는 걸 가끔 볼 수 있어. 상대가 단지 여자라는 이유만으로 무례하게 대해도 된다는 잘못된 생각에서 나온 행동이지. 그런 행동은 상대방을 당황시키고 때로는 서글픈 기분마저 들게 만들어. 또 그런 경박함은 사실 여자를 유혹하고 싶어 안달하는 마음의 왜곡된 표현이기도 하지.

남자가 여자에게 끌리는 것은 아주 자연스러운 본능이야. 여자는 남자들이 어렸을 때부터 가장 관심을 갖는 대상이지. 여자가 남자를 괴롭히기도 하고 흥분시키기도 하고 화나게도 만든다면, 남자는 여자를 사랑하는 동시에 증오하고 원하는 동시에 잊고 싶어 하지. 많은 남자들이 여자를 동등한 인격체로 인식하려고 애쓰는 것도 사실이야. 그러나 의식의 밑바닥에 여자는 남자와 성적으로 다르다는 생각이 뿌리 박혀 있어. 물론 이런 생각이 아주 틀린 건 아니야. 단 그것이 남녀관계의 기초가 되어선 안 된다는 사실을 유념해야 한다. 지난 수백 년간 여자는 남성과 할 일이 다르다는 이유로 행동에 많은 제약을 받아왔어. 그리고 그 결과 이제 여성들이 쏟아내는 불만의 목소리가 봇물 터지듯 나오고 있지. 시간이 갈수록 여성들은 적극적으로 자신들의 문제를 공론화하고 있어. 남성들은 이러한 움직임에 발 맞춰 이제는 여성을 편견 없이 보도록 노력해야 할 거야.

반면 남자가 여성문제를 제기할 수는 없을 거야. 남자가 여성의 생물학적 현실이나 남자의 관점에 따라 살도록 강요당한 여성들의 심리를 고스란히 이해한다는 것은 불가능할 테니까. 태어나는 순간부터 '여자의 본분'이라는 이름으로 만들어진 사회적 요구에 맞춰 살아야 하는 삶, 또 단지 성이 다르다는 이유만으로 직장에서 많은 역할을 빼앗기는 현실에서 느끼는 여자들의 고충을 남자인 우리가 어떻게 알 수 있겠니.

남자가 먼저 여자들의 능력이나 가능성에 한계를 짓고, 인격적으로가 아니라 성적으로 대하는 실수를 계속한다면 오랜 세월에 걸쳐 축적되어온 여성들의 분노는 더욱 가열될 거야. 남자가 여자를 도와주는 가장 바람직한 자세는, 여자들 스스로 자신들의 삶을 탐색하도록 내버려두는 거야. 또한 자기도 모르게 경솔한 행동으로 주변의 여자를 당황시킨 적이 없었는지, 그러한 행동을 하게 만드는 편견은 없었는지, 무의식적으로 여자를 비하한 적은 없었는지 솔직히 돌아볼 필요가 있단다. 이 모든 장애물이 다 제거되고 나면 비로소 남녀가 조화로운 관계를 유지할 수 있는 방법을 모색할 수 있어. 남녀의 본질적인 차이에 대해 함께 논의하고 '동등한 인간'으로서 공존할 수 있는 해결 방안을 찾아가는 거야. 물론 이것은 참으로 어려운 일일 거야. 남녀의 공통점과 차이점을 정확히 아는 사람은 없을 테니까.

  남자든 여자든 이성을 바라볼 때는 두 개의 시선이 함께 작용하게 마련이야. 한쪽 눈으로는 본연의 인간을, 또 다른 눈으로는 욕망과 사랑, 성적 긴장감을 일으키는 신비한 '타인'을 보는 거지. 우리는 이 두 개의 시선을 의식적으로 잘 조율할 줄 알아야 해. 최근의 남녀평등 사상은 남자와 여자가 똑같은 존재라고 주장하면서 아주 미묘한 부작용을 낳고 있어. 남자와 여자는 분명히 다르지 않니. 남녀의 본질적인 차이를 모른다고 해서 차이가 존재하지 않는 건 아니야. 남자와 여자는 모두 인간이자 동료란다. 세상에서 일어나는 전반적인 사건 속에서 심리적, 감성적, 정신적 평형 상태를 유지하는 양극의 세력이기도 하지. 그런데 성의 근본적인 차이부터 무시해버린다면 이러한 동질성마저 부인하는 파괴적인 결과를 낳게 될 거야.

남자와 여자의 공통점을 알고 싶다면 항상 이러한 신비를 눈여겨보아야 한단다. 남녀 사이에는 항상 역학관계가 존재해왔어. 남자도 여자도 상대를 자신들의 기대에 맞추도록 강요하기보다 이 역학관계를 어떻게 제대로 유지하는가에 몰두해야 한단다.

너희들 세대는 그렇게 할 수 있어. 지금까지와 다른 새로운 남성상을 선보일 기회가 바로 너에게 주어진 거란다. 여자를 성적 대상으로 삼거나 섹스를 단순한 오락거리에 비유하는 무례하고 이기적인 말로써 자신과 여성을 값싼 존재로 전락시키지 않는 남성, 레자와 같은 남자의 그릇된 행동을 당당하게 지적해주는 새로운 남성상을 보여줄 기회 말이야. 이와 같은 남자들이 많아진다면 남녀가 함께 사랑하고 함께 웃는 세상, 서로를 두려워하거나 비난하지 않고 진정으로 어울려 일하는 세상, 비판과 억지 대신 이해와 양보가 가득한 세상이 만들어질 거야. 그래, 사실 쉬운 일은 아니란다. 하지만 어디서든 누구든 먼저 시작해야 해. 트럭에서 먼저 시작될 수도 있겠지. 혹은 엘리베이터나 길모퉁이에서 시작될 수도 있고, 너나 친구들의 마음속에서부터 시작될 수도 있을 거야.

여자들은 이미 자신의 의무를 알고 그에 따르려 노력하고 있겠지만, 결코 쉽지 않다는 걸 깨닫게 될 거야. 이제는 남자들이 노력할 차례란다. 남자라고 쉽지는 않겠지만, 어쨌든 투쟁의 시기가 온 것만은 분명하구나. 아들아, 너는 부디 원숭이가 아니라 남자의 모습으로 여자를 만나도록 하거라.

사랑에 대하여 About Love

　사람들은 왜 사랑에 빠질까? 글쎄, 그 해답을 아는 사람은 없단다. 사랑에 대한 의문은 지금까지 꼬리에 꼬리를 물고 이어져 왔어. 인간이 언제 어떻게 왜 사랑에 빠지는지, 또 어떤 사랑은 오래 지속되고 어떤 사랑은 쉽게 식어버리는 이유는 무엇인지. 언젠가 너도 이 신비로운 현상에 대해 분석하고 원인과 이유를 캐내려 하겠지. 하지만 이러한 신비를 알게 되는 방법은 단 하나뿐이란다. 직접 경험하는 것이야. 우리의 생명이 단순한 뼈와 근육, 신경조직의 집합체가 아니라 그 이상의 많은 것들로 이루어진 것처럼, 사랑은 두 사람의 관심과 매력, 공통점의 집합체가 아니라 그 이상의 결합이란다. 우리네 삶 자체가 애초에 우리의 의지와 상관없이 주어지고 거두어지는 것처럼, 사랑 역시 우리로서는 헤아릴 수 없는 선물과도 같단다.

언젠가는 네게도 사랑이라는 선물이 활짝 핀 꽃처럼 다가올 거야. 그러면 너는 사랑을 꼭 부여잡은 채, 도무지 말로 표현할 수 없는 그 아름다움을 찬미하겠지. 누구나 그런 사랑을 꿈꾼단다. 하지만 대부분의 경우 사랑은 어느 날 갑자기 찾아와 정신을 사로잡고 잠시 동안 우리를 축복해주다가 홀연히 떠나가버린단다. 많은 젊은이들은 그것을 의연하게 받아들이지 못해. 자신에게 찾아온 사랑을 놓치지 않으려 발버둥을 치지. 사랑이란 인간의 의지와는 무관하게 왔다가 가버린다는 사실을, 아무리 애를 써도 떠나가는 사랑을 붙잡을 수는 없다는 사실을 인정하지 않으려고 한단다. 그렇기 때문에 자신의 사랑이 식었거나 상대가 사랑의 마법에서 깨어날 때쯤, 그동안 누린 사랑이 좋은 선물이었음을 깨닫고 다가올 사랑을 믿기보다 이미 식어버린 사랑에 불을 붙이려고 필사적으로 애쓰고는 해. 그러고는 존재하지도 않는 답을 찾으려고 하고 만들기도 하지. 상대가 왜 더 이상 자신을 사랑하지 않는지 이유를 알려고 하고, 노력하면 그 사랑을 다시 불태울 수 있다고 억지를 쓰며 연인의 마음을 바꾸려고 안

간힘을 쏟단다. 사랑이 식어버린 이유를 환경 탓으로 돌리고 그 환경에서 벗어나 새로운 삶을 시작하면 둘의 사랑이 다시 피어날 수 있을 거라고 고집하는 거지. 둘 사이에 일어난 어떤 일에도 의미를 부여하려고 해. 하지만 사랑은 사랑 그 자체일 뿐 거기엔 어떤 의미도 없단다. 사랑의 신비를 있는 그대로 받아들이지 않는 한, 언제까지나 고통의 바다에서 헤어나지 못할 거야.

아들아, 너는 사랑의 본질을 깨닫고 받아들여야 한다. 우선 사랑이라는 축복이 다가오면 그 선물을 소중하게 받아들이거라. 혹 너를 사랑하지 않는 사람을 사랑한다 해도 자책하지는 말거라. 그건 네게 문제가 있는 것이 아니라 단지 상대의 마음속에 사랑이 없기 때문일 뿐이야. 또 네 마음에 없는 누군가가 네게 사랑을 고백한다면, 누군가 너를 찾아와 네 마음의 문을 두드렸다는 것을 소중하게 받아들여야 해. 하지만 보답할 수 없는 선물은 정중하고 분명하게 거절하는 것이 좋단다. 사랑하는 마음도 없으면서 상대방을 이용하거나 남의 가슴에 못 박는 행동은 절대 하지 않기를 바란다. 네가 사랑을 어떻게 대하느냐에 따라 사랑이 너를 대하는 태도도 달라진단다. 세상 사람들의 인생과 살아가는 방식은 모두 제각각 다르지만 어떠한 경험 앞에서 느끼는 고통과 기쁨은 누구나 같은 법이야.

만일 네게 이미 연인이 있는데 또 다른 여자가 너를 좋아하고 네 사랑의 방향 또한 그녀를 향한다면, 그때는 움직이는 사랑을 억지로 붙잡거나 책임을 묻지 말고 그냥 내버려두거라. 모든 일에는 다 그럴 만한 이유가 있고 그에 따른 의미가 있단다. 언젠가 때가 되면 그 의미를 알 수 있을 거야. 그리고 그게 언제가 될지는 시간만이 알고 있지.

네가 사랑을 선택하는 것이 아니라 사랑이 너를 선택한다는 사실을 잊지 말거라. 사랑이 네게 찾아오면 그저 신비 그 자체를 고스란히 받아들이면 된단다. 사랑이 네 몸을 채우는 방식을 느끼고 손을 내밀어 그 사랑을 나누어주렴. 네 안에 사랑을 꽃피운 사람에게 아낌없이 사랑을 돌려주어라. 영혼이 가난한 사람들에게도 사랑을 주렴. 할 수 있는 만큼 주위의 모든 사람에게 사랑을 주어라. 사랑은 아무리 퍼주어도 사라지지 않는단다. 많은 연인들이 사랑에 실패하는 이유가 바로 이 때문이야. 너무나 오랫동안 사랑을 갈망하고 있었기 때문에 사랑과 욕망을 착각하게 된 것이지. 자신의 텅 빈 마음을 사랑으로 채워야겠다는 생각에 사로잡혀 있느라 사랑이 제 마음에서 우러난다는 것을 알아채지 못해.

 누구나 새로운 사랑이 시작되면 오직 사랑으로 충만해 있지만 그 사랑이 식어가면 다시 사랑을 욕망으로 보게 된단다. 사랑을 일으키는 사람이 아니라 사랑을 찾아 헤매는 사람이 되는 거지. 사랑은 신비로운 선물이라는 것을, 베풀수록 더 많이 생긴다는 것을 모르기 때문이야. 이와 같은 사랑의 신비를 잊지 말고 항상 가슴에 새겨두어라. 사랑은 그 자체의 시간과 절기에 따라, 그 자체의 원인에 따라 오고 간단다. 사랑을 붙잡아두려고 협박하거나 설득해봤자 아무런 소용도 없어. 사랑이 다가오면 그저 받아들이고 나누어주면 되는 거야. 또한 사랑이 네 마음에서, 혹은 연인의 마음에서 떠나려 할 때 네가 할 수 있는 일이나 해야 할 일은 아무것도 없단다. 지금까지 이어져온 사랑의 신비는 앞으로도 영원히 풀리지 않을 거야. 다만 너는 네 삶의 한순간이나마 사랑을 꽃피우게 된 것에 감사하거라. 혹 사랑이 떠나갔다 해도, 네가 마음을 열어둔다면 사랑은 언제든 다시 찾아올 거야.

성의 신비에 대하여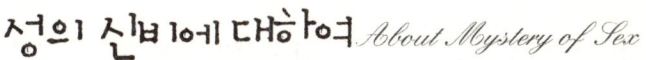

 어쩌면 지금쯤 이미 여자를 안아본 경험이 있을지도 모르겠구나. 혹은 견디기 힘든 육체의 갈망 때문에 힘들어하고 있을지도 모르지. 여자에 대한 욕망이 뇌리에서 떠나지 않아 주변의 모든 것이 성적인 것과 연결되어 보이지는 않니? 젊은이라면 누구나 다 그렇단다. 나도 그랬고, 너의 아들도 그럴 거야. 너를 그렇게 만드는 힘은 무엇일까? 그리고 그 힘을 어떻게 잠재울 수 있을까?

 성(性)은 우리 인생에 아주 심오한 미스터리로 존재한단다. 그것은 인간 개개인, 인류의 깊은 곳에 숨겨진 존재의 본질적인 요소라고 할 수 있어. 지구를, 아니 전 우주를 살아 있게 만드는 동력이라고도 할 수 있지. 그러니 네가 아무리 성에 대한 지식을 논리적으로 알고 있다고 해도 여자와 육체적으로 하나가 되는 순간을 철저히 대비하고 그에 따른 변화를 헤아릴 수 없어. 그저 단 한 번의 경험으로 너는 다른 사람이 되어버리지. 너의 삶은 갑자기 새로워지고, 너의 영역이나 인생에 대한 지식도 변한단다. 상상했던 것 이상으로 그 경험은 더 크고 더 깊게 너와 네 인생에 자리 잡을 거야.

하지만 그것은 돌이킬 수 없는 문턱이란다. 한 번 경험한 그 느낌을 계속해서 다시 느끼고 싶어 하고, 그 욕망을 채워줄 여자를 영원히 찾아 나서게 될 거야. 그때부터 네 삶에서 성은 혼란스러워질 거야. 성은 현실적이고 육체적인 욕망이기 때문에 완벽하게 충족될 수는 없어. 갈증의 불을 일순간 끌 수는 있지만, 금세 또다시 강렬하게 너를 사로잡을 테니까. 세상에서는 그러한 욕망에 자신을 완전히 던져버리는 사람들이 많이 있어. 그들은 한 여자에 대한 욕망을 불태우다가 다 채워지면 또 다른 여자에게 눈을 돌리지. 나중에 만난 여자에 대한 욕망이 더 강렬하니까. 그리고 새 애인의 몸에 들어갈 때마다 항상 새롭게 느껴지는 육체적 쾌감 때문에 한 여자에게 만족하지 못하게 돼. 처음 교감할 때 느끼는 경이와 희열을 계속해서 느끼고 싶어 이 여자 저 여자 사이를 전전하는 거야.

욕망에 휘둘리는 단순한 성적 동물로서 살아가는 사람들도 개중엔 있겠지만 그렇다고 그들이 악의를 가진 것은 아니야. 그저 성적 경험의 완벽함과 아름다움을 굳게 믿은 나머지, 열렬했던 성 관계가 시들해지면 또 다른 상대를 찾아 떠나야 한다고 생각하는 거야. 이들은 진정한 사랑은 모든 것을 불태우는 열정이라고 생각하기 때문에 미지근한 감정에 타협하고 안주해버리지 않아. 하지만 그건 엄청난 위험을 자처하는 태도란다. 여자를 깊이 사랑한다 해도, 시간이 지나면서 서서히 식고 변해버리는 황홀한 육체적 감각을 인정하지 않으면 그 사랑은 오래가지 못해. 그런데 육체의 신비에 중독된 그들은 첫 경험에서만 느낄 수 있는 완전한 마취 상태를 찾아 평생을 허송하지.

또 다른 방식으로 위험을 초래하는 사람들도 있어. 많지는 않지만, 영혼의 신비에 중독 되어 있는 경우가 그렇지. 이런 사람들은 성의 영원함과 신성함을 믿고, 그것이 성 경험의 중심이자 핵심이 되어야 한다고 고집한단다. 그래서 성생활 파트너에게서 단점을 찾으면 그 즉시 상대방에 대한 흥미를 잃지. 그녀가 더 이상 순수한 영혼의 화신으로 보이지 않으니 말이다.

이 두 종류의 사람들은 성을 통해 자신과 여자에게 해를 입힌 단다. 첫 번째 경우의 남자들이 여자를 사랑하는 이유는 단 하나, 여자가 모든 것을 다 태워버릴 만큼 강렬한 순간을 주기 때문이야. 또 두 번째 남자들은 영원한 진리 속에서 살아갈 기회를 준다는 이유로 여자를 사랑해. 두 부류의 남성 모두 자신의 성을 건강하고 성스러운 것으로, 인생의 신비를 축복하는 것으로 착각하기 쉽단다.

하지만 양쪽 다 중요한 사실 하나를 간과하고 있어. 그들이 사랑하는 여인이 한 명의 인간이라는 사실이야. 엄밀히 따져보면 이들이 진정으로 추구하는 것은 자의식을 소멸시키는 하나의 강렬한 사건일 뿐이며, 여자는 그 과정에 필요한 도구에 지나지 않아. 설사 그들이 사랑하는 여자에게 깊이 감사한다 할지라도, 그건 이 세상 모든 여자가 가진 아름다움과 신비에 경의를 표하는 것이지 그 여자에게만 주는 고마움이 아니란다. 다시 말해 그런 감정을 발견하게 해준 여자에게 감사하는 게 아니라 그녀가 자기 마음속에 불러일으킨 감정 그 자체에 감사하는 것뿐이야. 때문에 그러한 감각을 얻기 위한 '수단'에 불과한 여자는 그 감각을 더 이상 불러일으키지 못하는 순간 '용도 폐기' 되고 말지. 이와 같은 사람들은 평생 신기루만을 쫓아다니며 불행하게 살기 십상이란다. 자신의 기대를 충족시켜줄 여자와 불가능한 영원의 순간을 맹목적으로 찾아 헤매겠지. 그들이 지나간 자리에는 상처 입은 마음과 깨진 꿈의 조각만이 널려 있을 거야. 또 그럼에도 자신이 더 높은 이상을 찾고 있다고 믿으며 고집을 꺾지 않을 테지.

아들아, 너는 결코 이런 사람이 되지 말거라. 쉽지는 않을 거야. 성의 세계에 처음 발을 들여놓으면 누구나 그 엄청난 힘에 압도되어 넋을 잃기 쉬우니까. 그럴 땐 오래전부터 전해져온 이 격언을 기억해라. 인간이란 발은 땅을 딛고 머리는 하늘을 향한 채 살 수밖에 없는 운명이기에, 이상과 현실의 줄다리기 속에서 끊임없이 갈등해야 하는 존재라는 것을. 이 격언의 진실은 성 문제에서 보다 분명하게 드러난단다. 성은 우리 존재의 한가운데에 자리 잡고 계속해서 우리를 잡아당기지. 이럴 때 이성을 땅에 내려놓고 육체적인 기쁨만 지향한다면 우리의 삶은 동물들과 다를 바 없어지고, 머지않아 공허하고 허탈한 인생만 영위하게 될 거야. 반면 육체적인 면은 무조건 외면하고 영적인 면만 찬양한다면 날갯짓을 할 때마다 땅으로 곤두박질치게 되겠지.

  우리는 동물도 아니고 천사도 아니란다. 영적인 부분과 육체적인 부분이 하나로 통합된 인간일 뿐이야. 진정한 성은 이 두 가지 면을 인정하고 사랑으로 그것을 감싸 안는 것이란다. 이러한 사실을 네 안에서 그대로 받아들여야 해. 동물은 단순한 육체적 결합을 하고 천사는 영적 결합만을 이루지. 오직 인간만이 육체와 영혼이 하나 되는 사랑을 할 수 있으니 참으로 멋진 일이 아니니. 그 진정한 사랑의 결합을 똑바로 인식하고 그것을 축복하거라. 그리고 무엇보다도 성에 경의를 표해야 해. 네가 한 여자와 사랑을 나눈다면 그건 인간이 누릴 수 있는 최대의 신비를 함께하는 것이지만, 단순히 마취 상태에 빠지기 위해 성에 탐닉하는 것이라면 그건 너 자신과 상대를 비하하는 동물적 행위에 지나지 않는단다. 육체와 영혼이 함께 하나가 될 때, 그때 비로소 진정한 사랑의 신비를 경험할 수 있을 거야.

사랑하는 것에 대하여

여기서는 성행위의 방법에 대해서 설명하려는 것이 아니란다. 그건 너 혼자서도 얼마든지 알아낼 수 있을 테니까. 또 세상의 모든 성행위를 통틀어 설명해놓은 책은 어디에도 없단다. 그건 인간이 영원히 이해할 수 없는 신비로 남아 있을 거야. 성행위는 개개인마다, 또 연인들마다 다르기 때문이지.

간혹 이런 사실을 이해하지 못하는 젊은이들이 있더구나. 그들은 '괜찮은 연인'을 찾고 자신도 '대단한 연인'이 되기 위해 이런저런 책에 나와 있는 테크닉과 온갖 체위를 마스터하려고 애쓰지. 그러고는 자신의 테크닉을 평가하는 것도 모자라 상대방의 테크닉에도 등급을 매기고는 해. 그럼에도 성생활이 불만족스러우면 그 책임을 파트너 탓으로 돌리고 비난하지. 성행위가 단순한 하나의 경험이 아니라는 중요한 사실을 모르고 있기 때문이야. 성행위는 누구와 하느냐에 따라, 그리고 누가 하느냐에 따라 달라지는 거야. 그것은 두 사람이 각자 따로따로 느끼는 것이 아니라 두 사람 사이에서 일어나는 기적적인 경험이기 때문이지.

어떤 사람과는 죽음에 이를 만큼 격렬하게 사랑할 수도 있고, 또 어떤 사람과는 부드럽게 애무하면서 영적으로 합쳐져 황홀경에 빠져들 수도 있단다. 그런가 하면 누군가와는 거리감이나 거부감이 느껴져 사랑을 하는 중에 마음이 딴 데로 가는 경우도 있지. 따뜻함은 느껴지지만 황홀경에는 이르지 못하는, 그저 친구 같은 관계를 가지는 경우도 있고 말이야.

그렇듯이 너라는 남자가 한 여자에게는 훌륭한 연인이 될 수 있지만 또 다른 여자에게는 그저 그런 상대가 될 수도 있단다. 마찬가지로 그저 그런 상대로 여겨지는 여자가 다른 남자에게는 더없이 소중한 연인이 되어줄지도 몰라. 이건 사랑의 행위를 통해서만 알 수 있단다. 진실은 두 사람이 함께 창조하는 경험 속에서 나타나기 때문이지.

이 신비로운 발견은 성적인 즐거움을 줄 수도 있는 동시에 성적 혼란과 마음의 상처를 남길 수도 있어. 좋든 싫든 사람에게는 성적 매력이라는 것이 있어. 일상생활 중에는 교감할 수 있는 거리가 거의 없지만 서로에게서 느끼는 성적 매력이 너무 강렬해서 도저히 헤어질 수 없는 연인들이 있단다. 또 간혹 영혼의 밑바닥까지 서로를 사랑하지만 성적인 결합이 힘든 연인들도 있지. 육체적인 황홀경을 나누기 위해 애처로울 정도로 애를 써봐도 늘 부자연스럽고 결국 몸이 굳어지는 느낌이 드는 거야. 이런 경우는 아무리 노력해도 어긋나버리기 일쑤지. 어느 한 사람이 미숙해서가 아니라, 단지 둘 사이에 어떠한 화학반응이 일어나지 않아서 노력이 소용없어지는 경우야.

대부분의 연인들은 이 두 가지 경우의 갈림길 사이에 놓여 있단다. 언제까지나 상대와 황홀한 몰입 상태에 머물러 있는 연인도 거의 없고, 또 줄곧 서로를 서투르게 더듬기만 하는 연인들도 없어. 서로의 열정이 밀려오고 밀려가는 것을 함께 느끼기 위해 노력하면서 가끔은 하나가 되기도 하고, 또 가끔은 외로움을 느끼기도 하며 같이 노력해가지. 매번 황홀경을 맛보지는 못해도 두 사람이 다른 누구보다도 서로를 아낀다는 사실만은 분명히 알고 있고, 때가 되면 잠시나마 이 세상에서 가장 가까운 사이가 되기도 하고 말이야. 그들은 연인의 시선으로만 서로를 바라보며 이성보다 더 깊은 관찰력으로 서로를 파악해. 신비한 무아지경의 경지까지가 아니라도 그 정도로 충분할 거야. 이렇게 따스한 친밀감이 가장 빛을 발하는 순간은 만족스런 성 관계가 끝나는 순간이란다. 물론 황홀경에 있는 순간순간 그렇게 느낄 수도 있고, 언제나 영적으로 승화되는 느낌에 사로잡힐 수도 있지.

하지만 어떤 관계든, 둘 사이의 정열은 식게 마련이란다. 시간이 흐를수록, 처음 성적으로 결합할 때 느꼈던 절대적인 욕망은 향기를 잃게 된단다. 익숙함과 반복되는 일상의 껍질이 황홀했던 순간들을 뒤덮기 시작하고, 갈수록 무아지경에 빠지는 순간은 점점 줄어들지. 누군가는 이렇듯 열정이 식어가는 관계에서 도망쳐 새로운 열정을 주는 상대를 찾아 나서기도 하고, 또 누군가는 예전의 강렬했던 느낌을 되살리기 위해 왜곡된 성행위에 빠져들기도 한단다. 하지만 그렇게 시작된 관계는 결국 파멸에 이르고 말 거야. 인생이 그러하듯, 성경험도 여러 가지 단계를 거쳐 진행된단다. 열정이 식는 것도 그 과정의 일부지.

알고 있음에도 불구하고 다른 누군가가 널 더욱 강렬하게 홍

분시킬 수도 있단다. 그중에는 네가 사랑하지 않는 사람도 있을 수 있어. 하지만 육체적 황홀경만을 공유하는 남녀관계는 정열이 식었을 때 슬픈 결말밖에 맞을 수 없다는 걸 기억해두거라.

서로를 진정으로 깊이 사랑하는 연인은 육체적 정열을 에워싼 사랑을 꽃피울 수 있단다. 열정이 식기 시작하면서 생기는 빈 공간도 사랑으로 채워지지. 서로를 향한 진실한 사랑과 지식, 서로의 행복에 대한 진심 어린 기원 등이 식어가는 열정의 빈자리를 친밀감으로 메워갈 거야. 친밀감은 강렬한 열정보다도 훨씬 큰 축복이란다. 누구보다 가까운 연인이 되었다는 행복한 증거이기도 해. 그리하여 서로에 대한 갈망은 더욱 새롭고 깊은 수준에 도달하게 되지.

남자인 너에게는 연인과 이러한 친밀감을 나누도록 노력할 의무가 있어. 우선 네 성욕이 아니라 여성의 성욕에 더 세심하게 배려해주어야 해. 그녀가 성적으로 수동적이면 부드럽게 대해주고, 그녀가 잠자리를 리드하고 통제하고 싶어 한다면 거기에 응해주렴. 또 그녀가 두려워하면 진정시켜줄 줄도 알아야 해. 그녀에게 손을 내밀어 그녀의 성적 본성을 발견하거라. 그녀가 스스럼없이 욕구를 표현할 수 있도록, 사랑의 행위를 함께함으로써 그녀가 충만해질 수 있도록 도와주어라. 결코 네 사랑을 그녀에게 강요해서는 안 된다. 모든 것을 나누고 믿음을 주어라. 그리하여 둘 사이의 친밀감을 형성해 가장 자연스런 형태로 그녀의 사랑이 비상할 수 있게 해주어야 한단다. 그녀의 성적 독특함을 칭찬해주고, 그것을 토대로 두 사람의 독특한 아름다움을 창조해나가는 것이 중요해.

너무 수동적인 태도가 아니냐고 묻고 싶을지도 모르겠구나. 또 네 성욕을 너무 많이 포기하는 게 아니냐고 물을지도 모르겠다. 하지만 분명히 말하건대, 절대 그렇지 않단다. 남자는 여자보다 훨씬 단순한 성적 구조를 갖고 있어. 남자는 일단 발기가 되면 사실상 사랑의 행위는 끝이 난 거란다. 시간과 만남의 문제일 뿐이지. 하지만 여자는 그보다 훨씬 복잡해. 남자가 여자 속으로 들어갈 수 있도록 여자는 자신의 몸을 열어주지. 여기에는 '동의'라는 감정이 개재되어 있어. 결론부터 말하자면, 여성의 성적 반응은 아주 복잡하고 미묘하단다. 여성에겐 육체적으로 함께 있다는 것은 별로 중요하지 않아. 마음이 하나로 결합되어 있음을 그녀가 느낄 수 있게 해주어야 한단다.

그러지 않고 자신의 단순한 성적 반응에만 관심을 두는 남자는 그녀와 육체적으로만 함께하는 거란다. 자신은 능숙한 테크닉을 구사한다고 여길지 모르지만, 엄밀히 말하면 그는 진정한 의미의 남자가 아니야. 그저 성적으로 기술자가 되길 바라는 것뿐이지. 여성의 정서적, 육체적 욕구에 완전히 자신을 몰입시킬 수 없다면 진정한 연인이 되고 싶다는 꿈은 접어야 할 거야. 성행위는 '주는 행위'란다. 남자가 여자에게 줄 수 있는 최고의 선물은 자신의 사랑이 확고하다는 점을 확인시켜주는 거야.

물론 그건 남자의 육체적 본능에 역행하는 것일 수도 있어. 남자와 여자는 서로 다른 성적 곡선을 가지고 있으니까. 남자는 열정이 몰리면 갑자기 상승 곡선을 타다가 사정하는 순간 원래의 상태로 돌아가지. 그와 달리 여자는 서서히 상승 곡선을 그리고, 절정에 다다르면 바다 같은 평형 상태를 유지하다가 서서히 식는단다. 여자는 상승 곡선을 그릴 때 남자의 존재를 느끼길 원해. 그리고 오르가슴에 도달한 후에는 최고조에서 갑자기 하강하기보다는 애무를 받으면서 서서히 하강 곡선을 그리길 원하지. 여자는 남자가 사정할 때 느끼는 충격을 평생 이해하지 못한단다. 그렇기 때문에 남자가 사정하자마자 갑자기 등을 돌리면 마음에 상처를 입지. 여자는 남자가 성행위 자체보다 자신을 더 사랑한다고 느끼길 원해. 그러니 몸의 본능에만 따르기보다 마음속의 사랑을 여자에게 충분히 보여주는 것이 중요하단다. 이미 자신의 몸속엔 성행위를 할 때 느꼈던 감정이 사라지고 없어도 말이다.

진정한 연인이란 바로 이런 거야. 관계를 맺을 때 상대의 육체적, 정신적 만족을 자신의 만족보다 더 중요하게 배려하지 않으면 연인으로서는 자격 미달이라고 할 수 있어. 스스로 생각하기에 자신이 한 여자를 육체적으로 흥분시킬 수 있다 해도, 기본적인 배려가 없다면 두 사람이 함께 만들어가는 성의 신비한 마술을 알 수 없을 거야. 자신의 욕구에만 관심 있는 이기적인 그늘이 두 사람 사이에 늘 드리워져 있을 테니까.

성은 거짓말을 못한다는 사실을 잊지 말거라. 네가 많은 여자를 만나고 싶어 한다면 그 마음은 고스란히 드러난단다. 또 오직 너 자신만을 위해 여성의 몸속으로 들어가려 한다면 그 마음 또한 상대방에게 그대로 전해지지. 본래의 의도가 무엇이었든, 그건 자기 자신이 인식하지 못하는 사이에 모두 드러나게 되어 있어. 여자는 그것을 아주 분명하게 느낄 수 있지.

이것이 바로 성 관계의 신비한 진실이란다. 성행위는 마음의 진실을 말해주지. 네가 그 진실을 감추려고 애쓰면 애쓸수록 그 거짓은 점점 더 크게 불어난단다. 아들아, 네가 그런 거짓말을 하면서 살지 않으면 좋겠구나. 진심으로 서로를 배려하고 아끼는 연인이 되었으면 좋겠구나. 두 사람이 함께하는 아름다움에 눈물이 흐를 것 같은 환희를 네가 알 수 있다면 참으로 좋겠구나. 무엇보다 너의 팔에 안겨 있는 여자의 눈을 들여다보며 진심으로 사랑한다고 말할 수 있길 바란다. 그럴 수 있다면 너는 진정한 의미의 사랑을 할 수 있어. 사랑한다는 말을 할 수 있느냐 없느냐는 하늘과 땅의 차이란다.

옛사랑에 대하여 About an Old Love

 지금부터 대부분의 남자들이 알고 있지만 말하지 못하는 진실을 이야기하려고 한다. 바로 옛사랑의 그림자에 대한 이야기야. 이 이야기는 대부분 사춘기에 시작되지. 한 소년이 가슴속에 완벽한 연인에 대한 환상을 품기 시작하면서 말이야. 환상 속의 여인은 참으로 신비롭고 아름답지. 그녀는 현실 속의 여자들과 달리 자잘한 일들 때문에 고민하는 법이 없어. 구체적인 특징도 없지. 그저 소년의 감성을 불러일으키는 향수 같은 존재로만 남아 있어.

 이 신비로운 여인을 가슴속에 간직하고 있던 소년은 어느 날 불현듯, 자신이 간직해온 여인과 같은 여자를 찾았다고 생각해.

그녀는 그가 원했던 모든 것이야. 소년은 열정적으로 그녀를 쫓아다니고, 드디어 그녀로부터 반응이 오지. 그렇게 해서 생애 최고의 환희의 순간을 맛본단다. 깨어 있는 시간은 모두 그녀를 생각하는 데 할애하고, 그녀와 떨어져 있는 매 순간순간이 고통스럽지. 그녀를 만나면 그녀의 눈을 들여다보며 이토록 아름다운 여자를 만날 수 있다는 행운에 눈물이 날 정도로 행복해해.

소년은 곧 그녀를 만지고 싶다는 욕망에 사로잡힌단다. 그러다 결국 그녀의 몸을 만지고, 끊임없이 그녀와 닿기를 원해. 자신을 그녀에게 바치고 싶어 하고, 그녀를 갖고 싶어 하고, 알고 싶어 하고, 사랑하고 싶어 한단다. 둘은 오랜 시간 동안 고통스러운 몸의 대화를 나눠. 필사적으로 더듬으려는 쪽과 막으려는 쪽의 몸부림이 이어지지. 그리고 드디어 육체적 관계를 맺게 돼. 둘은 몇 시간, 며칠 동안 정신을 잃지. 남의 시선 따위는 안중에도 없는 순수한 정열의 바다 속을 표류하는 시간이 이어진단다. 하지만 어느 사이 정열은 서서히 식어가고, 둘은 일상의 평범한 시간을 함께 보내게 되지.

그때부터 소년의 마음도 변해. 소년의 눈에 그녀는 점점 꿈속의 여자가 아니라 일상 속의 여자로 보이기 시작한단다. 그녀 역시 화를 내고 독특한 버릇을 가진 평범한 여자라는 것을 알게 되지. 그러다 결국 서로가 서로에게 상처를 입히고, 둘의 성욕은 조화를 이루지 못하고 자꾸만 어긋나기 시작해. 그는 그녀와 성관계를 맺는 도중 자기 마음이 딴 데로 가 있다는 것을 느끼게 된단다.

이 즈음, 소년에겐 슬슬 다른 여자가 보이기 시작하지. 다른 여자의 웃음소리가 노랫소리처럼 들리고, 현재의 연인보다 새로 만난 그녀가 꿈속의 여인과 더 가까운 것처럼 느끼게 된단다. 한때 자기의 인생을 채워준다고 생각했던 그녀는 이제 너무나 평범하고 시시해 보여. 이제 둘 사이에는 성 관계만 남아 있지. 서로를 향한 정열은 이미 식어버리고 만 채로 말이야. 몸은 함께 있어도 마음은 각자 다른 곳을 향하는 시간이 이어지고, 눈물과 싸움이 반복돼. "언젠가 인연이 되면 다시 만나겠지", "우리 인연이 여기까지라면 어쩔 수 없지"와 같은 말들이 오가고, 결국 둘은 헤어지게 된단다. 그렇게 되기까지 서로 마음의 상처도 너무 많이 입었고, 격한 감정에도 너무 많이 빠졌을 거야. 남겨진 사람은 슬픔에 휩싸이고, 떠난 사람은 죄책감과 안도감, 분노, 자기혐오에 휩싸이지.

시간이 흐르면서 상처는 조금씩 치유된단다. 얼마 지나지 않아 다른 여자가 나타나고, 다시 처음부터 사랑이 시작되지. 새로 시작한 그들은 이내 서로의 품에 안기게 돼. 소년은 이번엔 더욱 강렬하고 쉽게 그녀의 눈 속을 들여다보지. 물론 그녀는 아름다워. 그런데 마음의 눈으로만 볼 수 있는 저 깊은 곳에 다른 그림자가 있다는 걸 깨닫게 된단다. 그건 바로 첫사랑의 여인이야. 그가 정열의 노예가 되는 동안, 신비로운 성행위로 두 번째 여자와 하나가 되는 동안에도 그 그림자는 사라지지 않아. 메아리처럼 계속 그를 따라다니며 그를 괴롭히지.

옛 연인의 그림자를 인식하면서도 그의 사랑은 계속돼. 그는 이후로도 이 여자, 저 여자 사이를 전전하며 새로운 여자를 만날 때마다 봄기운 같은 온기를 느끼지. 새로운 사랑을 할 때마다 그는 전에는 있는지도 몰랐던 자신의 일부를 발견하고, 전에는 상상도 못했던 사랑을 몸과 마음으로 느껴.

하지만 메아리 소리는 언제까지고 끊이지 않는단다. 아무리 자신을 내던져 현재의 사랑에 몰입하려 해도, 또 그 사랑이 아무리 강렬해도 그의 침대에는 옛 연인의 그림자가 떠다녀. 그래도 그는 그 사실을 입 밖에 낼 수 없을 거야. 자신에게조차도 말이야. 그때쯤 되면 그의 마음은 전보다 더욱 허전함을 느낀단다. 즐거웠던 과거의 정열이 기억 깊이 박혀 있는 그는 아무리 순수한 사랑을 해도 과거의 메아리에 자꾸만 시달려.

그렇게 그는 서서히, 두렵기는 하지만 아름다운 진실을 이해하기 시작한단다. 그건 바로 사랑했던 여자들은 추억 속에 존재하는 게 아니라 실존한다는 사실이야. 그 연인들은 다른 여자와 관계를 맺고 있는 와중에도 빠짐없이 되살아나. 하룻밤의 상대였든, 깊이 사랑하는 사람이었든 과거의 모든 연인들은 그렇게 '영원한 통합'이라는 당연한 권리를 갖는단다.

이런 경험으로 인해 남자는 사랑엔 대가가 필요하다는 것을 깨닫게 돼. 그의 사랑은 이미 순수하지 않아. 모든 연인들의 기억이 그의 침대를 공유하고 있고 앞으로도 영원히 그럴 거야.

그러니 아들아, 사랑을 하려면 신중하게 해야 한단다. 아무 생각 없이 사랑을 주는 것은 곧 너를 해치는 길이란다. 사랑은 모험과도 같단다. 모든 사랑이 곧 결혼이고, 영원히 그 사람의 일부가 될 것이기 때문이지. 지나간 사랑이 하나씩, 하나씩 차곡차곡 너의 마음속에 자리를 차지하고 있기 때문에 새로운 사랑을 할 때마다 자신을 완전히 내던질 수 있는 여지는 조금씩 줄어들 거야. 부디 누구를 만나든 신중하게 선택하거라. 만남은 결코 잊히지 않아. 만남은 그 자체의 기억을 갖고 있으니 말이야.

결혼에 대하여 *About Marriage*

 사랑받길 원치 않는 사람이 없듯, 결혼을 두려워하지 않는 사람도 없는 것 같구나. 아마 결혼을 하면 얻는 것보다 잃는 게 더 많고 장점보다 감수해야 할 단점이 더 많을 것 같아서겠지. 마치 쇠사슬에 묶이는 기분일 것 같기도 하고 말이야.
 젊은 시절엔 나도 그런 두려움 때문에 옴짝달싹 못했단다. 실수를 저지르고 싶지 않았지. 사회적 이목이나 성욕 때문에, 혹은 결혼 적령기가 되었기 때문에 결혼해서 세월이 흘러 서로의 마음에 상처만 주고 시들해져가는 친구들의 모습을 너무 많이 보았어. 나이가 많은 부부들 중엔 그 모든 문제를 꾹 참고 사는 이들도 많았지. 하지만 난 사랑 없는 결혼 생활을 계속한다는 것이

너무 끔찍하게 여겨졌단다. 그 시절엔 눈만 뜨면 싸우는 결혼 생활을 상상했어. 그러고는 나 자신이나 상대방을 그런 끔찍한 운명에 빠뜨리기는 싫다고 생각했지.

흔치는 않지만, 함께할 때 환히 빛나는 노부부도 몇 번 본 적이 있어. 그들은 서로의 결점을 체념하고 참으며 사는 것이 아니라 서로를 진심으로 사랑하는 것 같았어. 내게는 그 모습이 얼마나 신기해 보였는지 모른다. 어떻게 그렇게 오랜 세월 동안 똑같은 일상과 상대의 좋지 않은 버릇을 견디며 살아왔을까 궁금했지. 대부분의 부부들은 사랑하는 것은 고사하고 함께 있는 것조차 힘들어하는데, 대체 무엇이 그들의 사랑을 그토록 오랜 시간 피어 있게 하는 걸까 알고 싶더구나.

잘 들으렴. 그 비밀은 말이다, 상대방을 잘 선택하는 데 있단다. 물론 그것은 참으로 어려운 일이야. 처음 만났을 때 남녀의 눈은 이미 멀어 있게 마련이니까. 성욕이 서로를 잡아당기고 두 사람의 판단력은 흐려져 있기에 관계의 성패를 가늠하는 수천 가지의 사소한 문제들을 못 보는 거야. 이처럼 온 정신을 성적 매력에 빼앗기지 않고 관계에 대해 차분히 생각해볼 필요가 있단다. 개중에는 처음 만날 때부터 성 관계를 맺고, 서로의 성적 매력이 시들해질 때까지 만난 다음 같이 살고 싶은지 시험해보는 연인들도 있더구나. 그것이 효과가 있을지는 모르겠지만 그런 방식은 서로의 마음에 상처를 남기기 쉽단다. 서로의 관계에서 성을 완전히 분리시키고자 성적인 관계를 전혀 맺지 않는 이들도 있는데, 그 역시도 완벽한 방법은 아니야. 채워지지 못한 성욕이 너무 강해서 함께하는 생활이 어떨지 제대로 인식할 수 없게 될 테니 말이다.

서로에게 끌린다는 것을 알기 전에 오랫동안 친구로 함께할 수 있는 사람들이야말로 가장 운이 좋은 경우가 아닐까 싶구나. 둘은 서로의 웃음과 정열, 슬픔과 두려움을 알고 있고, 상대방의 장단점을 자연스럽게 받아들일 수 있지. 성적 열망에 휩쓸리기 전에 함께했던 시간이 많으므로 오해 없이 서로를 이해할 수 있고 말이야. 그러나 이런 경우는 참 드물지. 그러므로 성적 매력의 마법에 빠지기 전에 그러한 끌림 외에 두 사람이 화합할 수 있는 다른 요소들을 찾아봐야 해.

첫째로 좋은 것은 '웃음'이란다. 웃음은 상대방으로 하여금 네가 그 사람과 함께하는 것을 얼마나 즐거워하는지를 느끼게 해주지. 네 웃음이 남에게 상처를 주지 않으며 선하고 건강한 느낌을 풍긴다면 너는 세상과 건강한 관계를 맺고 있는 거야. 웃음은 놀라움에서 나오는 거란다. 서로를 웃게 만들면 항상 서로를 놀라게 할 수 있지. 그리고 그럼으로써 세상을 매일 매일 새롭게 만들 수 있단다.

웃음이 없는 관계는 참으로 위험한 관계야. 서로의 관계가 아무리 친밀하다 하더라도 늘 심각하고 진지하기만 하다면 오래갈 수 없어. 심각한 세계관을 공유하는 것이 오래 지속되면 자신과 견해가 다른 사람들에게 무의식적으로 적대감을 갖고 매사 비판적인 시선으로 타인과 세상을 바라보게 되지.

웃음 다음으로 중요한 것이 있다면 그것은 서로의 세계관에 대한 '존중'이란다. 남녀가 처음 만났을 때는 자신들의 관계가 둘 사이의 공간에만 존재한다고 생각하는 경향이 있지. 상대방에게 깊이 매혹된 그 압도적인 감정 때문에 주변을 둘러보지 못해. 하지만 관계가 오래 지속되면 주위 세계가 다시 눈에 들어오고, 상대방의 생활 태도나 세계관이 마음에 들지 않으면 결국엔 실망하기도 해. 그녀가 다른 사람에게 어떤 태도를 보이는지, 일상 속 여러 가지 일들에 어떻게 대처하는지 살펴보거라. 그렇게 그녀의 세계관을 들여다본 후에 그녀가 더욱 사랑스럽게 여겨진다면 둘의 사랑은 더욱 깊어질 거란다. 하지만 그렇지 않다면 조심해야 해. 세계관이 다른 두 사람이 서로의 방식을 이해하지 못한다면 결국에는 서로를 존중할 수 없게 된단다.

또 하나, 상대방이 인생의 신비로움에 어떻게 대처하는지도 살피렴. 인간은 낭만적인 면과 실용적인 면 두 가지를 함께 갖고 있지. 마음의 세계는 낭만적인 면의 가까이에 있어. 그런데 한 사람은 눈에 잘 보이지 않는 인생과 관계의 신비함에 깊은 영향을 받는 반면 다른 사람은 사실에 충실하고 실용적인 면에만 치우쳐 있다면 두 사람 사이의 거리는 점점 멀어져 결국 서로 외로워진단다. 그럴 땐 오해가 쌓이지 않도록 신경 쓰고 적절히 조율할 필요가 있어.

그 외에도 중요한 요소가 많이 있지만, 그건 너 스스로 부단히 찾아내야 할 거야. 누구나 마음속에 변치 않는 부분을 간직하고 있고 저마다 다른 인생관이 있지. 언제까지고 고수하고 싶은 그 부분들을 상대가 인정해주지 않는다면 마음이 멀어질 수밖에 없는 거야. 그렇게 되면 둘은 조금씩 멀어져 별개의 세상 속에서 살아가겠지. 서로의 정신세계를 받아들이고 교감을 나누는 관계가 아닌 그저 피상적인 관계에 머물게 되는 거야. 그런 상태가 계속되면 결국 남는 건 눈물과 상처밖에 없단다. 시간이 갈수록 서로의 자잘한 실수들만 지적하게 될 테니까.

그러니 사람을 선택할 때는 신중해야 해. 함께 성장할 수 있는 파트너를 만나면 마침내 결혼이라는 기적을 이루게 되겠지. 이 '기적'이라는 단어는 아주 심사숙고해서 고른 말이란다. 결코 과장된 말이 아니야. 결혼은 정말이지 기적과도 같은 일이란다. 변신이라고도 말할 수 있겠구나. 씨앗이 꽃이 되고 누에고치가 나비가 되듯, 겨울이 봄이 되고 사랑이 아이를 만들듯, 그렇게 결혼은 사람은 변화시킨단다. 이러한 변화가 너무 흔해서 신비롭게 바라본다거나 의문을 갖는 사람은 많지 않더구나. 그래서 결혼이라는 참으로 놀라운 기적을 경이롭게 바라보지도 않지. 결혼은 인간이 스스로 변신을 선택하는 거란다. 두 사람의 사랑이 씨앗처럼 뿌려지면 이윽고 꽃이 피기 시작해. 어떤 꽃이 필지는 모르지만 어쨌든 꽃이 필 거라고 확신하지. 만일 네가 파트너를 신중하게 선택한다면, 그리고 너 또한 현명한 파트너가 되도록 노력한다면 아름다운 꽃이 필 거야. 물론 그 반대라면 좋지 않은 결과가 나올 거야.

참으로 많은 사람들이 결혼의 부정적인 현실을 너무나도 쉽게 받아들여. 젊은 시절 내가 결혼을 두려워한 이유도 같은 이유에서였지. 사랑이 비탄과 황량함으로 바뀌지 않을 거란 믿음은 단 한 번도 가져본 적이 없었어. 사랑이 내뿜는 최초의 열기가 신선한 정열의 열기보다 더 깊고 의미 있고 긍정적인 것으로 변모할 수 있다는 가능성도 받아들이지 못했어. 사랑이 식으면 더욱 비참해질 거라고만 믿었던 거야. 하지만 이제는 알고 있단다. 사랑의 긍정적인 변신은 분명히 존재한다는 것을 말이야. 그건 부정적인 변화와 마찬가지로 아주 작은 것들이 차근차근 쌓여 일어나는 법이지. 작은 사랑의 손길로 인해 성장하게 되는 거야. 그때부터 두 개의 존재가 진정으로 섞이는 거야. 별개의 두 존재, 별개의 의식이 합쳐지고 그들 앞을 스쳐가는 삶을 두 사람이 같은 시선으로 바라보지. 참으로 아름다운 결합이 아니겠니. 그것을 성공하면 결혼이 매듭과 족쇄가 아니라 깨달음의 과정임을 알게 될 거야.

물론 결혼 생활을 하다 보면 싸움이 일어날 수도 있고 위험한 함정에 빠질 수도 있어. 그 위험한 함정은 독신주의자, 기혼자, 자유연애주의자 할 것 없이 누구에게나 노출되어 있지. 그 함정에 빠지면 애초 파트너를 선택할 때 아무리 신중했다 하더라도 마음 한구석에 '다른 선택을 했더라면' 이라는 아쉬움이 끊임없이 샘솟는단다. 그리고 그런 생각이 자꾸 쌓이면 두 사람의 관계는 갈수록 시들해질 거야.

그러나 한 가지 확실한 건, 두 사람이 하나가 되기 위해 온갖 어려움을 무릅쓰겠다고 선택하고 그로 인해 보다 심오하고 풍요로운 인생을 영위하는 길은 결혼밖에 없다는 사실이야. 결혼을 택하지 않고 동거만 하는 사람들도 함께하는 즐거움을 만끽할 수는 있겠지만, 아무리 노력한들 그 관계와 경험이 결혼 생활만큼 풍요롭고 심오해질 수는 없단다. 그러니 성급하게 결혼에 뛰어들지도 말고 결혼을 두려워하지도 말거라. 결혼은 믿음의 약속이며 그 안에는 모든 것을 변화시키는 힘이 깃들어 있단다.

만일 네가 함께 성장할 수 있는 상대를 만났다고 가슴 깊이 믿는다면, 책임을 포기하고 싶은 유혹과 '다른 파트너를 골랐다면' 하는 아쉬움을 이겨낼 자신이 있다면, 그리고 네 사랑이 겪게 될 계절의 변화를 모두 감싸 안을 수 있다면 결혼이 안겨주는 기적을 맞아들일 준비가 된 거란다. 그러나 그렇지 않다면 더 기다리도록 해라. 탁월한 선택을 위해서는 참을성 있게 기다릴 줄 알아야 해. 언젠가 때가 되면 천 송이의 꽃이 피어날 거란다.

정절에 대하여 *About Chastity*

아들아, 너는 평생 한 여자만 바라보고 사는 것이 가능하다고 믿니? 또 그럴 수 있다고 자신하니? 세상 모든 여자들은 독립된 국가와도 같아. 저마다 냄새와 감촉이 다르고 독특한 영혼을 가지고 있기 때문이지. 네가 이 사실을 알게 된다면, 분명 그 다양한 세계를 탐색해보고 싶은 욕망을 억누르기 힘들 거야. 여러 색깔의 여자를 만나면 그들이 저마다 새로운 방식으로 너에게 활기를 불어넣어주겠지. 새 여자를 만날 때마다 세상이 새롭게 보일 테니 그 유혹에서 등을 돌리기란 쉬운 일이 아닐 거야.

그러니 평생 한 여자만 바라본다는 것은 참으로 어려운 일일 거야. 유혹이 도처에 도사리고 있을 테니 말이다. 곁에 있는 아내나 애인을 아무리 사랑한다고 해도, 언젠가 네 마음 안에 다른 여자가 끼어들기도 할 거야. 그럴 때마다 네 마음에서 완전히 사그라진 줄 알았던, 혹은 있는지도 몰랐던 정열이 다시 피어나겠지. 그런 네 마음을 사로잡은 그녀는 끊임없이 너로 하여금 황홀경에 빠지도록, 욕망을 품도록 만들 거야. 시간이 갈수록 너는 그녀를 원하게 되고, 나중엔 그것이 매우 자연스럽게도 느껴지겠지.

이런 상황에 처하면 어떻게 해야 좋을까? 매혹의 힘은 자연스러운 것이며 거부할 이유가 없다고 믿는 사람들은 그때그때 본능에 충실하는가 하면, 또 어떤 사람들은 유혹에 넘어가지 않으려고 몸부림을 치기도 해. 그런 점에서 나는 운이 좋은 편이었단다. 왼쪽 다리가 나로 하여금 신중하게 행동하도록 깨우쳐주기 때문이야. 때로는 내 다리가 마음보다 더 현명할 때도 있단다.

몇 년 전 주차장을 지나다가 살얼음을 밟고 미끄러졌는데, 다리를 삐었는지 넘어질 때 왼쪽 다리에서 엽총 쏘는 소리와 비슷한 소리가 들렸단다. 하지만 금방 괜찮아졌기 때문에 처음에는 대수롭지 않게 여겼어. 몇 달 동안 엑스레이도 찍어보지 않았지. 그러다 다리가 조금 불편한 듯해서 한참 뒤 병원을 찾았는데, 의사가 뼈가 둘로 쪼개졌다고 하더구나. 나는 한동안 깁스를 한 채로 목발을 짚고 다녔지. 의사는 내가 운이 좋았다고 말했어. 둘로 쪼개진 뼈가 제자리에 그대로 있어서 천만다행이라고 말이야. 완치되면 뼈가 원래의 상태로 돌아가거나 아니면 더 단단해질 거라고 했지.

하지만 의사의 말은 반만 맞았단다. 뼈는 완치되어 본래보다 더 단단해졌을지 몰라도, 정신적 충격은 시간이 아무리 흘러도 치유되지 않았으니까. 넘어지던 순간의 기억이 너무도 강렬하게 각인되어버렸거든. 그래서 길을 가다 발을 삐끗하거나 미끄러질 뻔할 때마다 내 의식 속에서는 엽총 소리가 울리는 것만 같았어. 동시에 그날 살얼음을 밟고 미끄러지던 내 모습이 떠올랐지. 다리는 다 나았지만 정신적 충격은 낫지 않았던 거야. 아직 마음속에는 상처가 그대로 남아 있기에, 뼈가 아무리 단단해졌다 해도 두려움이 여전히 그 자리에 있는 거지. 아마 앞으로도 계속 그럴 것이고, 딛고 있는 땅을 의심하는 순간순간이 계속될 거야.

나는 다른 여자에게 끌리는 충동을 느낄 때마다 내 왼쪽 다리를 생각하곤 한단다. 그 일이 있기 전까지 나는 내게 다리가 있다는 것을 아주 당연한 일로 받아들이고 언제까지나 온전히 있을 거라 생각했어. 하지만 사고가 일어나고 난 후에는 뼈가 아무리 잘 치유되었다 해도 그 다리가 죽을 때까지 안전하게 있어주리라는 믿음이 사라졌어. 인간관계에서 불신은 부러진 뼈와 같단다. 처음에는 아무렇지 않은 것 같고 시간이 흘러 삐거덕 대던 관계가 나아진 듯해도, 한 번 어긋난 관계는 완전히 치유되지 않아. 가슴속에 남은 상처가 끊임없이 그들을 괴롭힐 테니까.

한순간의 바람이 이런 위험을 감수할 만큼의 가치가 있는 걸까? 그건 네가 결정할 문제겠지. 어쩌면 네 마음이 상대에게서 떠나버렸을 때나 정신적으로 너무 공허할 때, 혹은 애초 너무 어리거나 아둔한 상태에서 서로를 선택했을 때, 아니면 마음이 변해 서로 화를 내고 폭력을 휘두를 때는 그럴 만한 가치가 있다고 생각될 수 있을 거야. 그런데 그런 이유도 없이 그저 새로운 여자의 유혹에 빠진 것이라면? 처음 여자를 만날 때 느끼는 감정에 집착하다가 계절이 바뀌듯 그 감정이 식은 것이라면? 성적 매력을 사랑으로 착각한 것이라면? 만나온 어떤 여자도 네 사랑의 환상을 만족시켜주지 않는다면? 너라면 이럴 때 어떻게 하겠니?

그럴 때는 이런 자문을 해보렴.

'새 애인의 유혹에 빠졌을 때 무엇을 얻을 수 있을까?'

사랑 없이 침대에서 여자와 밤을 보내는 것은 일상에 권태가 끼어들고 자신의 환상이 무너지는 것을 잊기 위해 정말 소중한 관계를 깨뜨리는 짓이야. 간신히 얻은 사랑, 오랜 시간 쌓아온 인연을 깨뜨리기 전에 매 순간 신중할 필요가 있어. 여자의 간드러지는 웃음소리와 매력적인 미소에 흔들리지 않을 남자는 없겠지. 또 세상 어디에도 한 사람의 기대를 완벽하게 채워줄 사람은 없기에 새롭고 아득한 희망을 불러일으키는 사람에게 사로잡힐 수도 있어. 그러나 어떤 순간에도 이걸 잊어서는 안 될 거야. 인간의 정신과 생명은 뼈보다 훨씬 예민하고 소중하다는 것을 말이다. 다리가 한 번 부러진 기억으로 영원히 땅을 못 미더워하는데, 하물며 상처 입은 사랑이 온전한 형체를 유지할 수 있겠니.

술에 대하여 About Alcohol

 나는 지금 작은 술집에 앉아 있단다. 건너편 테이블에 앉은 한 남자가 술을 마시고 있구나. 눈꺼풀이 참으로 무거워 보여. 잠시 정신을 잃었는지 몸이 옆으로 기우는가 싶더니 갑자기 고개를 쳐드는구나. 쓰러질 듯, 쓰러질 듯하다가도 계속해서 술을 들이켜고 있어.

 얼굴을 보면 나쁜 사람 같지는 않아. 점잖아 보이기도 하고, 무척 외로워 보이기도 해. 어쩌면 가슴의 상처를 달래는 중인지도 모르겠구나. 그도 아니면 단순히 알코올중독자인지도 모르지. 술을 너무 많이 마셨는지 가쁜 숨을 내쉬고 있어. 양 볼은 축 처져 있고, 눈동자는 흐릿하고, 입술은 무겁게 매달려 있어.

그가 손을 들어 종업원을 부르고, 종업원이 맥주를 한 잔 더 가져다주는구나. 그는 애써 또박또박 고맙다는 말을 하지만 종업원은 그의 말이 끝나기도 전에 재빨리 몸을 돌리고 가버려. 그 모습을 보고 있노라니 코끝이 찡해오는구나. 본인은 행복하다 말할지 모르지만, 그에겐 외로움이 무섭게 달라붙어 있어. 마치 술병에서 진리를 따르는 것만 같구나.

그는 우리와 별반 다르지 않아. 너나 나도 그처럼 될 수 있지. 그는 그저 세상에 도사리는 많고 많은 속임수 중의 하나인 술의 함정에 빠진 평범한 사람일 뿐이야. 난 술이나 담배를 '커다란 속임수'라고 부른단다. 진실한 얼굴을 교묘하게 숨기고 있기 때문이야. 처음엔 평범한 사람들을 다정하게 감싸는 듯 유혹하다가 끝내는 암흑의 세계로 끌고 가거든.

아들아, 부디 술과 담배를 멀리하도록 하거라. 애석하게도 참 많은 사람들이 술, 담배의 위력을 너무 늦게 깨닫더구나. 처음 술을 몇 잔 마시면 기분이 좋아지고 가슴이 따뜻해지지. 그래서 적당히만 마신다면 술도 약이 된다고 말하는 사람이 많아. 하지만 술이 사람을 매혹하는 힘이 얼마나 강한지, 또 사람을 얼마나 쉽게 기만하는지 그들은 모른단다. 술을 마시면 세상이 새롭게 보이지 않니? 바로 그러한 화학작용으로써 술은 너에게 조금씩 영향력을 더해갈 거야. 그리고 머지않아 아주 미묘한 방식으로 너의 일상을 차지하고, 너의 의지를 빼앗지. 그리하여 너 자신이나 다른 사람을 해치게 할지도 모른다. 위험한 건 정작 너 자신은 그러한 변화를 알아채지 못한다는 거야.

술 마실 때 사람들은 기분 좋은 환각 상태에 빠지지. 세상이 환하고 화려하게 보이고, 자신도 모르게 속내를 털어놓게 돼. 사람을 솔직하게 만드는 것이 무슨 문제냐고 묻고 싶겠지만 술이 너를 농락하는 그날까지는 모를 거야. 만일 네가 의지를 굽히고 술의 유혹에 따른다면 그때부터 술은 네게 넌지시 네 행동마저 강요하겠지. 그리고 너는 어쩔 수 없이 거기에 따르게 될 거야. 어쩌면 운이 좋아서 실수를 한다 해도 단순한 욕설이나 우스꽝스러운 행동에서 그칠 수도 있어. 하지만 운이 나쁘면 엄청난 불행이 닥칠 수도 있지. 술 때문에 한순간 이성을 잃고 아무 관계도 없는 여자를 임신시킬 수도 있어. 술이 너로 하여금 진심으로 그녀를 사랑한다고 착각하게 만들기 때문에 일어나는 일이지. 어쩌면 네 손으로 친구의 목숨을 거둘지도 몰라. 네 몸을 감싼 취기가 친구보다 더 빠르고 오래, 또 더 용감하게 차를 몰 수 있다고 착각하게 만든다면 말이다. 어느 날 아침 눈을 떴는데 술병을 손에 쥔 채 방에 널브러져 있는 너 자신을, 하루를 술로 시작해 술로 끝내는 너 자신을 발견하게 될지도 몰라. 매일 허기를 술로 채우다 술이 없으면 불안에 떠는 초라한 한 남자를 거울 속에서 보게 될지도 모르지.

앞으로 네 앞에 어떤 일이 다가올지 정확히는 알 수 없지만, 이런 불행한 일이 일어나도록 너를 유혹하는 손길은 분명 찾아올 거야. 그 순간 당장은 약간의 위안이나 보상을 받을지 몰라도, 그런 식으로 받은 보상에는 나중에 반드시 그 대가가 따른단다. 그리고 그 대가의 무게가 어떠할지는 아무도 장담 못해.

담배는 술보다 더 중독 되기가 쉽단다. 처음엔 조금씩만 입에 대다 마음만 먹으면 그만둘 수 있으리라고 믿지. 담배쯤이야 스스로 통제할 수 있을 거라고 자만하거든. 하지만 끝내 담배 없이는 도저히 생활할 수 없는 무기력한 상태가 되지.

술이나 담배가 그 자체로 나쁜 것은 아니야. 그것들이 네 몸과 마음에 엄청난 공포와 악의 씨앗을 심어놓는 것이 무서운 일이지. 근사한 모양새로 사람들을 현혹하고 그들의 기분을 좋게 만들어주면서 나중에는 감당할 수 없는 대가를 요구해. 그렇기에 술, 담배를 하는 것은 곧 악마와 거래하는 것과 같단다. 이 위험한 거래를 할지 말지는 오로지 너에게 달려 있어.

혹시라도 네가 이 거래에 손을 뻗을까 봐 아버지는 참으로 걱정되는구나. 네가 어떤 대가를 치르게 될지 알 수가 없으니 말이다. 나나 다른 사람들이 지금 괜찮다고 해서 모든 대가를 다 치렀다고는 말할 수 없어. 설혹 내가 그 굴레에서 완전히 벗어났다 해도, 너 또한 안전하리라고는 장담할 수 없잖니. 그러니 부디 그런 위험에 뛰어들어 순간의 욕망 때문에 미래를 팔아버리는 일이 없기를 바란다.

내가 이렇게 말하는 건, 세상에 존재하는 '다른' 진리에 대해서도 알고 있기 때문이야. 이 세상에는 우리의 몸을 수천 번이나 가득 채우고도 남을 온갖 진리가 가득하단다. 하지만 단 5분의 환희를 위해 너 자신을 희생시키는 것은 억울하지 않을까? 술이나 담배의 노예가 되어 네 어머니의 고생과 사랑의 순간을 희생시키는 것은 너도 원치 않잖니? 술과 담배는 분명 매혹적이지만, 거기에는 영혼의 힘이 없단다. 진리는 여기에 있어. 새로운 경험을 하고 싶다는 욕구, 더 높고 깊은 것을 향한 열망만으로는 이 세상을 살아갈 수 없단다. 그건 무지하고 그릇된 자세에 지나지 않아.

  온 세상이 어두워지는 일식을 떠올려보렴. 새들이 머리를 날개 속에 파묻고 잠드는 모습을 상상해보렴. 사랑하는 여자의 몸에서 태어난 갓난아기를 생각해보렴. 바람이 수풀을 어루만지며 스쳐갈 때 아득하게 들려오는 영원의 침묵을 들어보렴. 그것으로 너는 충분한 기쁨을 누릴 수 있어. 술과 담배는 세상의 진리를 안겨주기보다 너를 삶에서 멀어지게 하고 허망한 꿈에 다가서게 한단다. 한순간 환상을 안겨줄지 몰라도 기억 속에서는 너를 빼앗아갈 거야.

  이 간교하고 사악한 속임수에 빠지지 말거라. 술과 담배의 거짓된 약속에 속아서는 안 돼. 너는 완벽한 건강을 갖고 태어났고, 그 건강을 언제까지나 지켜야 할 의무가 있어. 네가 만약 술, 담배와의 거래를 선택한다면 이러한 의무를 저버리고 암흑의 세계로 발을 들이는 거란다. 아버지의 이 간곡한 당부를 잊지 말고 부디 훌륭한 인생을 꾸려나가다오.

고통과 슬픔에 대하여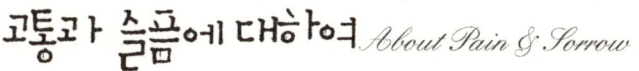

 살다 보면 누구나 한 번쯤 감당할 수 없는 슬픔을 맞이하게 된단다. 참을 수 없는 고통에 허덕이는 날도 피할 수가 없지. 한평생 그 힘든 시기를 단 한 번도 맞지 않는다는 것은 불가능한 일이야. 고통과 슬픔은 때가 되면 반드시 찾아오는 법이니까. 어떤 이들은 힘든 일을 겪으면 슬픔 혹은 고통에 손발이 묶여 꼼짝을 못하기도 해. 그럴 땐 자신의 감정을 주위 사람들은 모를 거라고 생각하지. 한편 '남들은 이보다 더한 일도 많이 겪는데 이 정도로 고통스러워해서는 안 돼'라고 생각하며 스스로의 고통을 마냥 억누르고 참는 사람들도 있어.

 아들아, 너는 이 두 경우 중 어느 한쪽으로라도 치우치지 않기를 바란다. 누군가 커다란 대못에 찔렸다고 해서 작은 바늘에 찔린 사람의 고통이 가벼운 건 아니지 않니. 고통이란 그것을 껴안은 그 사람만이 느끼는 것이기에 그만큼 무겁고 힘겨운 거야. 그 사실을 받아들이고, 고통에서 한 걸음 물러날 수 있는 여유를 찾을 때쯤이면 고통 역시 인생의 선물이라는 것을 깨달아야 한단다. 그래야만 한층 더 성장할 수 있고 상실감과 슬픔, 고통을 겸허히 인정하는 진정한 어른이 될 수 있어.

고통은 인간의 일상생활을 보다 깊고 넓게 만들어주고 교훈을 주지. 세상만사가 태평하기만 하다면 마냥 좋기만 할까? 아마 자잘한 일상 속에서 또 다른 갈등 거리가 만들어지고, 우물 안 개구리처럼 아주 작은 세계에 갇혀 살아가게 될 거야.

가게에서 물건을 사고, 자동차 타이어를 갈고, 서류를 작성하고, 어제 자신을 향해 웃어준 여자가 혹 자길 좋아하는 게 아닌가 생각하고……. 우리의 일상은 이런 자잘한 일상들로 가득 차 있어. 그리고 슬픔과 고통을 가져오는 사건은 꼭 예기치 못한 순간에 자잘한 일상들을 꿰뚫고 찾아온단다. 예정된 일이 아니므로 인간은 아무런 준비도 되어 있지 않지. 그렇게 가끔은 지루했지만 평화로웠던 일상은 산산이 부서지고 말아. 사건의 충격이

크면 한동안 고통스러운 비명 속에서만 살아가지. 공허한 메아리만 가득한 세상에서 말이다. 바로 전날까지만 해도 그렇게 중요해 보였던 자잘한 일상사가 순식간에 하잘것없는 것이 되어버리는 거야.

하지만 그 모든 시간을 이겨내고 마음을 다잡고 나면 고통은 결과적으로 우리를 변화시켜준단다. 극심한 혼동을 한번 겪고 나면 주변 상황은 뒤죽박죽이 되어 있게 마련이야. 고통에서 겨우 헤어 나오면 예전의 일상을 다시 되찾기를, 그리고 그 혹독한 시련을 다시는 겪지 않기를 바라지. 하지만 그건 헛된 바람이란다. 일단 고통을 겪고 나면, 그의 인생은 완전히 뒤바뀌어서 다시는 전과 똑같은 사람이 될 수 없어. 더 큰 세상으로 나아가 진정으로 중요한 것을 보게 되고, 새로운 진리를 깨우치게 되지. 인생을 새롭게 시작할 기회가 되는 거야.

고통과 슬픔에 어떻게 반응하느냐에 따라 우리는 스스로가 얼마나 강한지 평가할 수 있어. 내 지인 중에, 어릴 적 침대에 꽁꽁 묶인 채로 매질을 당했던 사람이 있었어. 그는 지금 작은 원룸에 혼자 살고 있는데, 매일 매일 신발을 흐트러짐 없이 똑바로 세워놓고 모든 물건을 제자리에 두지 않으면 불안해해. 그건 어릴 적방을 지저분하게 썼다고 매를 맞은 기억 때문에 생긴 버릇이었단다. 그에겐 단 한 명의 친구도 없어. 지독한 결벽증만이 그의 유일한 친구였지.

다른 예로, 어릴 적 아우슈비츠에서 부모님이 죽는 것을 가까이서 목격했던 사람이 있어. 그는 평생 돈을 버는 데 온 힘을 다 쏟으며 나름대로 '잘 살고 있다'고 자부하지. 언젠가 그는 이런 얘길 하더구나.

"난 고통을 겪을 만큼 겪었어요. 이제는 행복하게 살 수도 있는 것 아닌가요?"

그리고 또 한 여인은 열여덟 살 적 무면허 의사를 찾아가 부엌 식탁에서 낙태를 한 적이 있었지. 그 후 그녀는 자신이 저지른 죄를 뉘우치며 암 환자를 위해 봉사하는 데 평생을 바쳤어. 그녀가 그렇게 할 수 있었던 것은 커다란 고통의 의미를 이해했기 때문일 거야.

내가 이 세 사람을 뭐라고 평가할 수는 없단다. 저마다 몹시도 깊은 상처를, 어쩌면 너나 내가 상상도 못할 정도로 큰 상처를 받았을 테니까. 각기 고통을 받아들이는 방식은 달랐지만, 이들 세 사람에게는 한 가지 공통점이 있어. 고통을 경험한 뒤 인생이 바뀌었다는 거야. 많은 사람들이 고통을 겪고 나면, 앞서 말한 결벽증에 시달리는 사람과 돈에 집착하는 사람처럼 더 이상 고통스럽게 살지 않겠다고 다짐한단다. 당연한 일이야. 상처가 컸던 만큼 또 다른 고통을 감당할 자신도 없어지겠지.

그런데 조금 다르게 받아들이는 사람도 있어. 암 환자를 돌보는 여인의 삶이 그러하단다. 그녀는 고통을 거부하지도, 도망치려 하지도 않았어. 대신 자신의 고통을 겸허히 받아들이고 두 팔을 벌려 끌어안은 거야. 그러면서 자신처럼 슬픔과 고통의 무게를 감당하지 못하는 다른 사람들과 하나가 되려고 노력했지. 이 여인처럼, 슬픔과 고통을 성장의 계기로 삼아보거라. 하나의 고통을 겪고 그 이상의 고통을 피하려는 사람은 좋은 기회를 놓치는 거란다. 고통을 통해 더 크게 성장하고, 더 큰 것을 인식하고, 그 경험을 타인과 나눌 기회를 놓치는 것이지.

너는 어떤 고통을 겪게 될까? 여자 친구와 헤어지는 고통을 겪을 수도 있고, 사랑하던 강아지가 죽는 고통, 부모님의 죽음 혹은 사고로 인한 고통을 겪을 수도 있겠지. 어떤 고통을 겪든지 간에 그건 네 힘을 시험하는 계기가 될 거야. 고통을 인생의 더할 나위 없는 선물로 받아들인다면 네 인생에서 정말 소중한 것이 무엇인지 깨닫게 될 거야.

또한 아무리 큰 슬픔이라도, 처음에는 감당할 수 없을 것 같겠지만 시간이 지나면 자연히 치유된단다. 인간은 네가 상상도 못할 만큼 놀라운 치유력을 갖고 태어나. 또 우리의 몸은 병을 향해 나아가기보다 건강을 향해 나아간단다. 즉, 너의 몸과 정신은 스스로 상처를 치유하기 위해 노력할 거야. 그러니 상처가 나을까 의심하지 말고 어떻게 나아질까 생각하거라. 치유가 시작될 때는 마냥 손놓고 있을 것이 아니라, 그 일을 계기로 어떻게 거듭날 것인지를 잘 생각해야 한다. 상처는 너로 하여금 혼란을 겪게 하지만 그에 대한 보상으로 새로운 가치와 의미를 깨달을 계기 또한 마련해줄 테니까.

그러니 아들아, 슬픔과 고통을 두려워 말아라. 그것을 딛고 너는 더 크고 깊게 성장할 거야. 슬픔과 고통을 일부러 찾아 나서거나 억지로 만들어서도 안 되겠지만, 외면하고 피해서도 안 되는 거야. 그것은 사랑과 마찬가지로 너를 진정한 사람으로 다듬어준단다. 슬픔과 고통이 무엇인지 온몸으로 맞서 체험하고, 그 일을 발판으로 매일 매일 어제보다 나은 사람으로 성장하렴. 슬픔과 고통, 그것은 너를 정화하는 아름다운 불꽃이란다.

아버지에 대하여 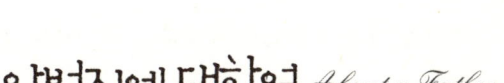 About a Father

 아들아, '남자답다'는 것이 무엇이라고 생각하니? 그 말을 떠올릴 때마다 나의 눈앞에는 네 할아버지의 얼굴이 아른거린단다. 네 할아버지는 지금 거실에서 TV 리모컨을 들고 채널을 이리저리 돌리고 계시는구나. 표정을 보니 옛 추억에 잠기신 듯도 해.

 눈으로 아버지를 바라보면 지금의 아버지, 그러니까 너의 할아버지가 보이지만 머리로 아버지를 떠올리면 젊으실 적 당신 모습이 떠오른단다. 출근하는 아버지의 넓고 든든한 어깨, 마당의 잡초를 뽑을 때나 페인트칠을 하실 때 등줄기를 타고 흘러내리던 굵은 땀방울, 그런 것들이 말이야. 아, 상자마다 라벨을 붙여 가지런히 정리해놓으시던 아버지의 지하실도 생각나는구나. 버럭 화를 내던 얼굴, 더듬거리며 성교육을 해주시던 얼굴도 생생히 떠오른다. 묵묵한 노력과 근면함을 몸소 실천하시느라 지친 어깨도, 우리 남매들이 학교를 졸업하고 배우자를 찾아 새 가정을 꾸릴 때 말없이 흐뭇해하시던 얼굴도 기억나는구나.

그러나 지금 너의 할아버지는 내가 기억하는 이 모든 과거를 잊으셨단다. 기억력이 나빠지셨거든. 게티스버그에 있던 링컨의 집 주소를 더듬지도 않고 읊으시던 분이 이제는 바로 어제 일조차 기억하지 못하시지. 아버지가 늘 쓰시던 작업대는 이미 다리가 부러진 채 방치되어 있고, 연장들은 지하실 한구석에 처박혀 먼지만 뒤집어쓰고 있어. 딱 벌어진 어깨에 근육질 몸매인 만큼 힘도 세고, 내가 고개를 잔뜩 쳐들고 바라봐야 했던 키 큰 남자가 이제는 왜소하기 짝이 없는 몸집이 되어 한 발, 한 발 내딛을 때마다 넘어질세라 조심스러워하셔.

그 모습을 볼 때마다 얼마나 가슴이 아린지 모른단다. 하지만 그 슬픔 한구석에는 아버지에 대한 경외감도 담겨 있어. 당신이 내 안에서 얼마나 큰 존재로 함께해오셨는지, 당신의 그 커다란 그림자가 내 인생에 얼마나 큰 힘을 주었는지 하루하루 지날수록 더욱 절실히 깨닫고는 해.

누구나 다 그럴 거야. 아버지의 그림자에서 완전히 벗어날 수 있는 사람은 세상에 단 한 명도 없어. 설혹 그 그림자가 공포의 대상이라 해도, 혹은 이름도 얼굴도 없는 유령 같은 존재일지라도 말이다. 그처럼 되고 싶든, 그에 대한 기억을 없애려고 노력하든, 분명한 건 우리가 아버지라는 존재의 그림자에서 완전히 벗어날 수는 없다는 거야.

그 점에서 나는 참으로 복이 많은 사람이었어. 내 아버지는 불같이 화가 나셨건 가슴 깊은 고독에 잠기셨건 단 한 번도 내게 상처를 입히는 일이 없었단다. 내가 필요로 할 때마다 당신의 손은 언제나 내 어깨 위에 있었고, 아들의 인생에 흠집을 남기지 않으려고 매일 열심히 일하셨지.

하지만 운이 좋지 않은 사람도 많더구나. 폭력과 주먹, 찌든 술 냄새, 유리잔이 깨지는 소리를 피해 방 한구석에서 이불을 뒤집어쓰고 있던 기억을 갖고 있는 사람도 있고, 또 아버지에 관한 추억의 자리가 텅 비어 있는 사람들도 있지. 모두가 갖고 있는 아버지의 그림자는 우리가 원하는 사람이 되는 데 도움을 준단다. 성인이 되고 아버지가 되고 나면, 그전과는 다른 눈으로 아버지의 그림자를 이해하게 돼. 그리고 자기 자신 또한 그 그림자가 되어 자식에게 평생도록 남는다는 것을 깨닫지. 하지만 그것이 어떻게 남을지는 아버지 본인은 알지 못한단다. 칭찬하는 말, 꾸짖는 말, 함께 낚시하는 시간, 출장 때문에 떨어져 있는 시간……. 그중 어떤 순간이 자식의 기억에 남을지 무슨 수로 알 수 있겠니.

아버지를 생각하면 제일 먼저 떠오르는 일화가 있어. 희미한 불빛을 받고 있는 아파트 입구, 그곳에 아버지가 서 계셨지. 겁에 질린 채 아버지 등 뒤에 숨어 불안한 눈으로 아파트 문을 바라보는 열 살의 나도 떠오르는구나. 우리는 자전거를 끌고 그곳까지 갔단다. 아버지와 내가 '경주마'라고 이름 붙인 그 자전거는 생김새도 근사하고 기어 변속장치까지 달린 멋진 자전거였어. 우린 그걸 주인에게 돌려주러 가는 길이었단다.

어느 날 아침 길가에 아무렇게나 내팽개쳐진 자전거를 발견한 아버지는 그것을 담요로 덮어 차고에 보관하셨어. 나는 그 자전거를 한 번이라도 타보게 해달라고 졸랐지만, 아버지는 남의 것이니 안 된다고만 하셨지. 아버지는 기어이 지역 신문에 자전거 주인을 찾는 광고까지 내셨고, 연락을 기다리는 그 몇 주 동안 자전거는 우리 집 창고에 그대로 세워져 있었단다. 난 속으로 주인에게 전화가 오지 않기를 바랐단다. 그러면 그 자전거가 내 것이 될 거라고 생각했으니까. 어쨌든 결국 주인이라는 사람에게 전화가 걸려왔고, 아버지와 나는 함께 자전거를 돌려주러 그의 집을 찾아갔어.

아버지가 문을 두드리자 삐걱대는 소리와 함께 문이 열렸어. 웬 아저씨가 빠끔 내다보더니 우리 등 뒤에 서 있는 자전거에 눈길을 던지더구나. 아저씨는 우리가 아닌 자전거를 집 안으로 끌고 들어가 이리저리 살펴보더구나. 멀뚱히 서 있는 아버지와 내 앞에서 그는 이렇게 말했어.

"왜 이렇게 흠집이 많아졌지?"

그런데도 아버지는 아무 말씀도 않으셨단다.

바퀴와 핸들을 꼼꼼하게 살피던 그는 아버지를 곱지 않은 눈초리로 노려보았어. 난 너무 화가 나서 울음이 터질 것만 같았단다. 담요로 덮어 창고에 얌전히 모셔둔 자전거에 무슨 흠집이 생겼겠니. 전등불을 받아 반짝거리는 자전거 앞에서 나는 화를 꾹 참으며 고개를 바닥만 바라보고 있었어.

이윽고 그는 자전거를 집 안 안쪽으로 끌고 가며 퉁명스레 중

얼거렸어.

"사례를 해야겠지요."

그러고는 꾸깃꾸깃한 지폐 몇 장을 꺼내 아버지에게 던지더구나. 아버지는 말없이 그 돈을 돌려주셨어. 남자는 우릴 힐끗 쳐다보더니 다시 자전거를 이리저리 살펴보더구나.

그 모습을 뒤로하고 우린 아파트에서 빠져나왔어. 너무도 억울했던 나는 아버지의 옷자락을 잡아당기며 물었단다.

"왜 저런 아저씨한테 그렇게 친절하신 거예요? 나쁜 아저씨잖아요."

그러자 아버지는 여전히 느린 보폭으로 걸으며 이렇게 말씀하셨어.

"언젠가는 깨닫게 되겠지."

나는 희미한 불빛을 받으며 아버지 뒤를 따라갔단다. 그리고 다시는 자전거 얘기를 입 밖에 꺼내지 않았지만, 그날 아버지가 하신 말씀은 오래도록 내 가슴에 남아 있었어.

시간이 흐르고 성인이 된 나는 자잘한 행정 업무 때문에 지방 감옥에 잠깐 들른 일이 있었어. 대기실에 앉아 기다리던 중에 죄수 명단에서 낯익은 이름 하나를 발견했어. 예전에 내가 가르치던 학생의 이름이었지. 간수에게 물어보니 술에 취해 남의 기물을 파손한 혐의로 체포되었다고 하더구나. 재범이었기에 구속까지 된 것이었어.

교사 시절 난 그 학생을 참 좋아했단다. 언제나 환하게 웃던 두 눈 속에 사랑과 따스함이 배어 있었거든. 하지만 그 아이에겐 가족이 없었고, 평생 양부모와 사회 훈련 시설을 전전해야 했어. 아이는 나에게 자신의 아버지가 누구이고 어디에 있는지 전혀 궁금하지 않다고 말했었지.

아이의 어린 시절을 가만히 회상하던 나는 간수에게 그 아이를 만나게 해달라고 청했고, 간수는 나를 데리고 몇 개나 되는 쇠창살 문을 지나갔단다. 문이 닫힐 때마다 텅 빈 공간 사이로 날카로운 소리가 울려 퍼졌어. 그렇게 한참을 걸은 뒤 간수는 창백한 형광등이 비추는 어둑한 시멘트 방 안으로 나를 안내했어.

"잠시만 기다려주십시오."

잠시 후 간수는 그 아이를 데리고 들어왔어.

"크리스, 잘 있었니?"

아이는 내 인사에도 아무런 반응을 보이지 않았지. 겁에 잔뜩 질린 눈으로 눈만 껌뻑거릴 뿐이었어.

"이 녀석, 얼마 전에 난동을 부려서 며칠째 독방 신세를 지고 있었어요. 빛에 적응하려면 시간이 좀 걸릴 겁니다."

곁에서 교도관이 말해주었지.

크리스는 이내 나를 가만히 바라보더구나. 입술이 파리하게 떨리고 있었어.

"저 안에 다시 들어가기 싫어요. 제발 저 좀 살려주세요."

정말이지 겁에 질린 눈이었단다.

"제발요……."

어린 시절 남에게 부탁 한번 하지 않던 아이가, 더할 수 없이 간절한 목소리로 내게 애원하고 있었어. 나는 잠시 그 아이를 바라보았어. 겁에 질린 눈밖에는 보이지 않더구나.

"알았다, 노력해보마."

크리스의 입술이 다시 파르르 떨리는 듯싶더니, 얼굴 가득 환한 미소가 떠오르더구나.

교도관을 찾아가 보석금을 냈더니 크리스의 옷을 가져다주었어. 나는 몇 가지 서류에 사인을 하고 크리스를 차에 태웠지. 햄버거를 사주고는 그 아이가 가자는 집으로 향했단다. 차를 몰고 가는 동안 크리스는 옛날처럼 들뜬 목소리로 재잘거리기도 하고 허풍도 늘어놓더구나.

크리스는 차가 서자마자 얼른 뛰어내렸어.

"그럼, 안녕히 가세요."

그러고는 뒤도 돌아보지 않고 집으로 달려가는 거야.

다음 날 친구가 화를 내며 나를 마구 나무라는 것이었어.

"자네, 왜 그렇게 쓸데없는 짓을 한 건가? 다른 사람들처럼 자네도 놈한테 속은걸세. 그런 자식은 감옥에서 썩게 내버려뒀어야 하는 거야. 제멋대로 살면 안 된다는 걸 똑똑히 가르쳐줬어야 했다고! 대체 왜 그랬어?"

나는 그저 땅바닥만 가만히 바라보았지. 그러고는 이렇게 말했어.

"그 아이도 언젠가는 깨닫게 될 거야."

지금 너의 할아버지가 저쪽에서 TV 화면을 멍하니 바라보고 계시는구나.

남자다움에 대하여 About Manhood

내 아버지가 그리 대단한 사람은 아니셨어. 크게 이룬 어떤 업적이 있어 역사에 길이 남을 분도 아니지. 다만 참으로 좋은 분이셨다는 건 확실하단다. 일부러 다른 사람에게 피해를 입히는 일은 결단코 하지 않았고, 도움이 필요한 사람에게는 언제든 친절을 베푸는 분이셨어.

하지만 지난 10년간 나는 아버지가 서서히 인생의 정점에서 내려오시는 모습을 바라볼 수밖에 없었단다. 그 시기 내 눈에 아버지가 떠안고 있는 것은 불행 이상의 것처럼 무거워 보였어. 많은 것을 잃은 뒤 지친 당신은 무척이나 힘들어하셨고, 그러는 동안 자존심도 산산이 부서졌지.

아버지가 가장 먼저 잃은 것은 직장이었고, 그다음이 육체의 힘이었단다. 그리고 마지막으로 당신의 존재를 잃어버리셨지. 쇠약해진 아버지는 종종 자신이 아무짝에도 쓸모없는 노인네가 되었다고 자책하시며, 그냥 사라져야 마땅하다고 말씀하셨지. 자식으로서 그런 아버지의 모습을 바라보는 게 얼마나 가슴 아픈 일인지 모른단다. 우리 가족은 변함없이 아버지를 사랑하고 존경했지만, 당신은 스스로를 더 이상 사랑하지도, 존중하지도 않으셨어. 아마도 당신이 믿은 세상과 육체가 스스로를 배신했다고 여겼기 때문일 거야.

그런 아버지의 변화를 지켜보며 나는 한동안 몹시 혼란스러웠어.

'어떻게 이럴 수 있는 걸까? 그토록 강인했던 분이 이렇게 순식간에 쇠약해질 수 있는 걸까? 아직 당신 앞에는 인생의 지평선이 한없이 펼쳐져 있는데, 왜 벌써부터 포기하시는 걸까?'

아버지가 인생을 포기하셨다는 것을 깨달았을 때 나는 덜컥 겁이 났단다. 당신이 더 이상 스스로를 남자로 생각하지 않는다는 느낌이 들었어. 세상엔 남자라면 마땅히 어떠어떠해야 한다고 주장하는 말이 많지 않니. 아버지는 바로 그러한 인간상에 가까워지려고 늘 최선을 다하셨단다. 부드럽고도 강한 남자, 돈을 많이 벌고도 검소하게 사는 남자가 되려고 말이다. 그리고 실제로 그렇게 사셨지. 물론 당신이 원했던 만큼은 아니었지만, 겨우 여섯 살의 나이에 이 세상에 혼자 던져진 어린 소년으로서는 참으로 많은 것들을 일궈내셨지. 아버지는 그야말로 자수성가해서 이 세상에 둥지를 틀었고, 안정적인 가정을 꾸려 가족들 모두에게 따뜻한 사랑을 베푸셨단다. 그랬던 아버지의 심경에 어떤 변화가 있었기에, 당신이 일궈오신 그 위대한 결실을 이처럼 하찮게 여긴 것일까? 맨손으로 시작해 그렇게나 많은 것을 이루셨으면서 왜 지금은 더 이상 남자가 아니라고 믿으신 걸까?

그에 대한 답은 잔인하지만 분명하구나. 아버지는 남자와 인간을 혼동하셨던 거야. 남자란 생물학적인 부분을 말한단다. 힘, 지배, 세력, 경쟁 등과 관련된 것들이지. 이건 모두 남을 지배하지 않으면 생존할 수 없었던 시대부터 내려져온 유산이야. 하지만 인간이 된다는 것은 그것과 다르단다. 진정한 인간은 세상의 요구에 발 맞추어가면서, 한편으로는 타인에게 봉사하는 사람을 말해. 그건 꿈을 향해 한 발, 한 발 나아가는 것과 같아. 별을 따려고 팔을 뻗으면서도 두 발은 굳은 신념을 싣고 땅에 디딘 채 살아야 완전한 인간이 될 수 있어. 그러나 아버지가 태어나고 성장하는 시절에는 이처럼 인간이 되는 것과 남자답게 사는 것이 구분되지 않았단다. 같은 남자들과 경쟁하면서 한 치의 긴장도 늦추지 않고 힘을 과시해야만 살아남을 수 있었기 때문이지.

아버지는 가난한 집에서 태어나셨어. 할아버지는 집을 나가셨고 할머니는 아버지가 태어나자마자 돌아가셨지. 아버지는 남들이 평생 겪을 고통을 어른이 되기도 전에 모두 겪으셨어. 하루 끼니를 때우기 위해 일을 해야 했고, 일하기 위해선 강해져야 했단다. 얼마 뒤 나치즘과 파시즘이 도래했고, 아버지는 군대에 소집되어 사람들에게 총부리를 겨눠야 했어. 그러고는 전쟁이 끝난 후 맨손으로 돌아와 처음 보는 경제적, 사회적 질서 속에 허우적거리며 가족의 보금자리를 장만하느라 고군분투하셨단다. 그렇게 아버지는 어린 나이부터 강자만이 모든 것을 가질 수 있는 세상에서 홀홀 단신 버텨오셨어. 그런 분에게 어른이 된다는 것은 곧 권력과 지배력을 가진 강한 남자가 된다는 것과 같은 것이었고, 그 시대에서 그건 너무도 당연한 생각이었지.

세월이 가면서 아버지의 몸은 점점 쇠잔해졌고, 권력과 지배력을 가졌던 강한 남자는 남에게 의지할 수밖에 없는 약한 노인으로 바뀌어갔어. 직장을 그만두고, 기운이 떨어지고, 세상을 지배할 능력이 사라진다는 것은 아버지에겐 더 이상 인간이 아니라는 것을 의미했단다. 그리하여 아무 말도, 기운도 없이 그저 하루하루를 연명하게 되신 거야.

아들인 내가 보기엔 용납할 수 없는 일이었어. 나는 아버지에게서 진실한 인간의 모습을 보았단다. 화재와 홍수로 집을 잃어버린 사람들을 도와주느라 며칠씩 잠 한숨 못 주무시는 아버지, 자식들의 크리스마스 선물을 마련하기 위해 일을 두세 가지씩 하면서도 자기 것은 맨 나중에야 챙기는 한 남자를 말이야. 어린 내가 보기에 그런 아버지에게서 남자답지 않은 구석은 단 한 부분도 없었단다.

네 할아버지는 정말이지 훌륭한 남자였어. 어떤 면에서는 위대한 남자이기도 했고. 하지만 정작 본인은 그렇게 생각하지 않으셨던 모양이야. 아버지가 살던 시대에서 남자가 힘과 권력을 기르는 것은 당연한 일이었고, 그런 잣대로 당신 자신을 평가하셨던 거지.

하지만 이제 시대는 바뀌었단다. 너는 그때와 다른 시대에 태어났고, 이 시대는 너에게 예전과는 다른 선물, 다른 고통을 안겨줄 거야. 아직도 남자들에게는 공격적이고 경쟁하려는 성향이 많이 남아 있지만, 새롭게 바뀌어가는 시대와 인간상은 점점 그런 성향에서 멀어져갈 거란다. 앞으로 넌 예전과 다른 형태의 힘을 표현하고 새로운 모습의 권력과 용기를 가져야 할 거야. 적군과 대적할 때 드러나는 힘과 용기와는 거리가 먼 힘을 말이다. 그 새로운 형태의 힘과 용기, 권력을 표현할 방법을 너는 끊임없이 강구해야 해.

예전에는 소년이 어른으로 성장하려면 반드시 통과의례라는 것을 거쳐야 했지. 그때가 되면 기성세대는 책임감을 갖고 소년들에게 자신들의 지혜를 전하며 성장을 돕고 함께하려 노력했단다. 하지만 오늘날 젊은 세대들에게는 그러한 통과의례가 주어지지 않고 있어. 혼자서 어른이 되는 길을 찾아야 하는 현실이지. 몸에서 어른이 되어간다는 신호가 오면 그때부터 더 많은 욕망과 욕구가 생겨나고 더 많은 것을 갖고자 하는 갈망에 휩싸이지. 하지만 우리가 흔히 생각하는 어른이란 그저 남자답다는 것에 지나지 않는단다. 그건 봄이 되면 저절로 꽃이 피는 것과 다름없이 지극히 당연한 일이야. 도덕적으로 건강한 가치관도 세우지 않은 채 세상이 말하는 남자다움만 과시한다면, 그 남자는 이 세상에 피해만 입히는 존재가 될 거야.

아들아, 앞으로의 인생에서 너는 어른스러운 것과 남자다운 것을 구별할 수 있어야 해. 남자다워지는 것보다 더 중요한 것은 진정한 인간이 되는 거란다. 어른이 된다는 것은 누구나 누릴 권리와 의무가 있고 소중히 받아들여야 할 영광스러운 축복이야. 안타깝게도 그 권리를 어떻게 획득하고 그 영광을 어떻게 누리는지 이 아버지가 가르쳐줄 수는 없구나. 다만 이 말만은 분명히 할 수 있어. 가슴 깊은 곳에 네가 원하는 고결한 인간상을 품고, 그처럼 되기 위해 매 순간 의식적으로 노력해야만 진정한 어른이 될 수 있단다. 네가 롤 모델로 삼은 그 사람처럼 되기 위해 부단히 노력하다 보면 남자다워지는 것은 저절로 이루어질 거야. 물론 그 과정 속에서 네 마음속에 숨겨진 경쟁심이나 지배욕, 억누를 수 없는 성욕, 이루지 못한 것에 대한 욕심이 시시때때로 고개를 들겠지. 만일 네게 스스로 의미 없다고 느끼는 욕망과 욕구를 다른 생산적인 힘으로 바꿀 능력이 있다면 너는 네 이상을 방해하는 남자의 속성을 진정한 어른의 자질로 바꿀 수도 있을 거야. 힘과 명예, 정신력, 용기와 희생 그리고 자신감으로 말이다.

우선 네가 갖고 있는 남자다운 기질을 인정하고, 축복하고, 존중하도록 해. 그리고 그 기질을 어른스러운 기질로 바꾸어 세상에 도움을 주도록 노력해보렴. 오로지 남자다운 기질에만 압도된 사람, 남자가 되는 것과 어른이 되는 것을 분별하지 못하는 사람은 되도록이면 멀리해야 한다. 그런 사람은 어른이 되려는 너의 노력에 방해만 될 뿐이니까. 무엇보다 중요한 건 남을 지배하고 억압해야 강한 남자라는 그릇된 믿음에 빠지지 않는 거야.

 네 할아버지처럼 되도록 노력하거라. 지금 네가 살고 있는 시대의 든든한 일꾼으로, 남에게 해를 입히지 않는 익명의 선한 사람으로 살아라. 있는 힘껏 팔을 뻗되 부드러운 손길로 너의 능력을 발휘하렴. 지금 이 시대는 정복하려는 인간의 거친 손길보다 사랑을 아는 사람의 부드러운 손길을 필요로 한단다. 그 부드러운 손들 가운데에 너의 손이 늘 함께하기를 기원한다.

힘에 대하여 *About Power*

언젠가 한 무리의 사내아이들이 한 소년을 가게에서 마구 끌고 나오는 모습을 본 적이 있어. 궁지에 몰린 소년은 무리를 향해 공격 자세를 취하기는 했지만 겁에 질린 기색이 역력했지. 소년을 둘러싼 아이들은 욕을 퍼부으며 간간이 아이를 툭툭 때리더니 이내 가차 없이 폭력을 휘둘렀단다. 아이들의 몸짓으로 봐선 그저 주먹을 휘두르고 싶은 욕구로만 그러는 것 같았어. 나는 달려가 사내아이들을 말렸고, 욕을 퍼붓던 아이들이 슬금슬금 꽁무니를 뺐지. 혼자 남겨진 아이는 그렇게 겨우 무리에서 풀려났지만, 완전히 안심할 수는 없었어. 그 소년들이 또 언제 어느 곳에서 자신을 기다리고 있을지 알 수 없으니까.

사내아이들이 왜 그랬는지는 나도 잘 모른단다. 하지만 분명 대수롭지 않은 이유였을 거야. 작은 말실수를 했다거나 아니면 아주 사소한 행동 때문이었겠지. 오래전부터 계속 이어져온 이런 일은 대부분 아주 사소한 일을 계기로 시작되지. 소년들은 육체적인 힘으로 자기 자신을 과시하고 싶었던 거야. 그건 참으로 슬픈 착각이란다. 결코 자랑스러운 행동이 아니야. 한데 긴 세월이 흘러도 여전히 남자는 무릇 힘이 세야 한다고 착각하는 사내아이들이 많이 있구나.

남자라면 당연히 힘이 세야 한다는 생각은 오래전부터 있어왔어. 남을 지배하는 힘, 감정을 지배하는 힘, 세상을 지배하는 힘 말이다. 무거운 짐을 번쩍번쩍 잘 들고 빨리 달릴 수 있고 더 오래 일할 수 있는 남자는 훌륭한 남자에 속했지. 물리적인 힘으로 남을 제압하는 남자, 아플 때나 슬플 때 눈물을 참을 줄 아는 남자. 그런 남자야말로 강한 남자라고 여겼어. 하지만 이제 세상은 그런 종류의 '강함'을 원하지 않아. 전쟁터에서 적군에 대항해야 살아남을 수 있는 그런 시대가 아니잖니. 남자에게 정말로 필요한 건 물리적인 힘이 아니라 위대한 영혼의 힘이란다.

짧은 일화를 두 가지 들려줄게. 이 이야기를 들으면 지금 내가 무슨 말을 하려는지 알 수 있을 거야.

지난주 집에 혼자 있는 시간이었어. 문득 지갑 속에 금요일 밤 열리는 고전음악 연주회 티켓이 두 장 있다는 게 떠오르더구나. 나는 부랴부랴 친구들에게 전화를 걸기 시작했어. 그런데 연주회를 좋아할 만한 친구들은 전부 바빴고 시간이 되는 친구들은 고전음악을 별로 좋아하지 않았지.

티켓 값은 별로 비싸지 않았으니까 한 장 버리는 셈치고 혼자 갈 수도 있었지만, 무언가 자꾸만 아쉬운 마음이 들더구나. 오전 내내 그 생각을 지워버리려 했지만, 정오가 되어도 그 생각은 무겁게 나를 짓눌렀어. 결국 나는 차에 올라 동네 요양원으로 향했단다. 그러고는 간호원 휴게실을 찾아가 물었어.

"혹시 적당히 걸을 수 있고 음악을 좋아하면서 낯선 사람과 공연을 봐도 괜찮다고 하실 분이 안 계실까요?"

간호사들은 내 말을 듣고 이 사람, 저 사람 이름을 대면서 얘길 주고받더구나.

"에드나 할머니는 어때?"

"플로렌스 할머니도 괜찮지 않을까? 아니, 조 할머니는?"

몇 분 뒤 그녀들은 에드나 할머니가 제일 나을 것 같다는 결론을 내렸어. 우린 식당으로 내려가 그 할머니를 찾아내서 연주회에 가겠냐고 물어보았지. 하지만 할머니는 단호하게 거절했어.

"아니, 난 안 가."

낯선 사람과 어딜 가는 게 무서운 모양이었어. 그래서 이번엔 플로렌스 할머니에게 물어보자고 했지. 간호사와 나는 플로렌스 할머니의 방으로 갔단다. 할머니는 무릎에 얌전히 손을 포갠 채로 휠체어에 앉아 있었고, 굽이 8센티미터 정도 되어 보이는 무거운 가죽 교정 신발을 신고 있었어. 나이는 한 여든 살쯤 되어 보였는데, 앞이 거의 보이지 않는다고 하더구나.

"이 젊은이가 오늘 밤 열리는 콘서트 티켓을 두 장 갖고 있대요, 할머니. 같이 가시겠느냐고 하는데, 어떠세요? 가실래요?"

나는 간호사의 말을 듣고 그만 웃음을 터뜨렸단다.

"젊은이요? 아, 요양원에 오니까 제가 젊은이가 되는군요."

플로렌스 할머니가 두꺼운 안경 너머로 나를 힐끗 바라보더구나.

"좋아요, 갑시다. 데이트라는 걸 해본 지도 오래되었는데 잘됐군."

우린 잠시 콘서트에 대한 이야기를 나누었고, 간호사는 내게 할머니를 차에 태우고 내려드릴 때 조심할 사항들을 일러주었어. 그러고 나서 7시 반에 할머니를 모시러 오겠다고 약속하고 나는 다시 일터로 돌아갔단다. 약속한 시간에 맞추어 요양원에 갔더니 플로렌스 할머니는 옷을 곱게 차려입고는 휠체어에 앉아 계시더구나. 초록색 면장갑을 낀 손으로 지갑을 꼭 쥐고 계셨지. 나는 간호사들에게 인사를 하고 콘서트홀로 향했단다.

모든 일이 순조롭게 진행되었지. 할머니를 안전히 차에 태워드리고 트렁크에 공간이 딱 맞는 휠체어를 실었지. 콘서트홀 직원들이 플로렌스 할머니가 차에서 내리는 걸 도와주었고, 내가 차를 주차하러 간 사이 할머니를 돌봐주었지. 할머니는 휠체어에 앉은 채 콘서트를 보기로 했어. 그래서 나는 직원에게 자리를 복도 쪽으로 바꿔달라고 부탁해 할머니와 나란히 앉았지. 연주회가 시작되기 전까지 우리는 서로의 공감대를 찾아 이야기를 나누었어. 오케스트라가 무대로 올라왔을 때 나는 할머니께 프로그램을 읽어드렸어. 비발디, 바하, 드볼작 그리고 베토벤 곡이 그날의 연주곡들이었단다.

드디어 연주가 시작되었고, 공연이 진행되는 한 시간 반 동안 플로렌스 할머니는 텅 빈 듯한 눈으로 잘 보이지도 않는 무대를 뚫어지게 바라보셨어. 그렇게 아무 말도 없이, 몇 년 만에 처음 듣는다는 음악에 귀를 기울이시더구나. 입가에 희미한 미소를 머금은 채로 말이야. 콘서트가 끝나고 박수 소리가 잦아들자, 할머니는 프로그램을 한 부 복사해달라고 하시더구나.

"물론 읽을 순 없지만, 그래도 갖고 싶네."

요양원으로 자신을 다시 모셔다드리는 내게 할머니는 고맙다고 말씀하셨어. 마중 나온 간호사가 할머니에게 말벗을 해드리며 휠체어를 밀고 어둑한 건물 속으로 사라지셨지. 할머니의 초록색 장갑 아래엔 지갑이 놓여 있었고, 지갑 밑에는 콘서트 프로그램이 반듯하게 놓여 있었어.

이야기는 여기서 끝이란다. 시시하다고? 그렇다면 이번엔 두 번째 이야기를 들려줄게.

고등학교를 졸업한 그해 여름 나는 컨트리클럽에서 일을 했어. 거기 직원 중에는 헤인스라는 중년 남자와 캘벗이라는 젊은이가 있었는데, 둘은 부자지간이었단다. 예순이 다 된 헤인스 아저씨는 늘 미소를 머금고 다녔고, 20대 중반인 캘벗은 멋들어진 올백 머리에 항상 색안경을 끼고 다녔지. 그런데 둘은 다른 직원들과 같이 밥을 먹지 않지 않았어. 이유는 하나, 그들이 흑인이기 때문이었지. 다른 직원들은 2층 부엌에 딸린 식당에서 밥을 먹는데 그들은 지하 보일러실에서 식사를 했단다. 그게 싫었던 나는 보일러실에서 그들과 같이 밥을 먹곤 했어. 그럴 때마다 헤이스는 이렇게 말했지.

"그러지 말게나. 좋을 게 없다네."

나는 조금 격앙되어 이렇게 대답했어.

"이건 부당한 일이에요, 아저씨."

"마음대로 하게나. 하지만 괜히 자네한테 피해라도 가면 어쩌려고 그러는 게야."

헤인스 아저씨가 이렇게 말하면 캘벗은 웃으면서 머리를 절레절레 흔들었단다. 그러고는 이렇게 말했어.

"넌 지금 괜한 짓을 하는 거야. 그런다고 뭐가 달라지겠어?"

난 그들을 위해 뭐든 하려고 하루도 빠짐없이 노력했단다. 지배인에게 항의도 했고 다른 직원들에게 차별대우하지 말라며 싫은 소리도 했지. 하지만 캘벗의 말대로 달라지는 건 아무것도 없었어. 그리고 헤인스 아저씨나 캘벗이 화를 내는 모습 또한 단 한 번도 본 적이 없었단다. 그저 점심을 먹은 다음 카드놀이를 한 판 하고 다시 남자 탈의실을 청소하고 구두를 닦을 뿐이었지.

퇴근할 무렵엔 다음 날 닦아야 할 구두 목록표를 받고, 날이 밝으면 목록표에 쓰인 대로 열심히 구두를 닦고……. 그런 똑같은 일상이 계속되었지. 가끔 퇴근길에 들러보면, 헤인스 아저씨와 캘벗은 아래층 식당과 위층 휴게실에서 새어나오는 골퍼와 그 가족들의 웃음소리 속에 파묻혀 쉬지 않고 구두를 닦고 있었어.

가을이 다가올 무렵 나는 개강을 하면서 컨트리클럽을 그만두었고, 가끔씩 컨트리클럽에 가서 그들을 만나고는 했단다. 그러던 어느 날, 지역 신문을 읽다가 한 컨트리클럽에서 강도가 들었다는 기사를 보았어. 그곳은 내가 어릴 적 캐디로 일했던 클럽이었단다. 흑인이 거기서 일하는 친구를 도와주러 탈의실로 갔다가 총에 맞아 죽었다는 기사였지. 그리고 그 흑인은……다름 아닌 캘벗이었어. 캘벗을 쏜 경찰은 내 고등학교 선배였는데, 그는 학생 시절부터 질이 아주 나쁜 사람이었지. 체인과 철사를 늘 휴대하고 다니며 툭하면 사람들을 때리는 바람에 모두들 그를 무서워했단다. 기사에 따르면 그가 정당방위로 총을 쏘았다고 주장했다더구나. 아무런 무기도 소지하지 않은 캘벗의 등에 그렇게 총알이 관통했고, 목격자가 없었기에 그는 기소되지 않았지. 감당할 수 없는 분노와 슬픔이 밀어닥쳐와 견딜 수가 없었어.

나는 당장 헤인스 아저씨에게 달려갔어. 그런데 그는 여전히 벤치에 앉아 구두를 닦고 있는 거야.

"아저씨, 캘벗이 누굴 죽일 사람이 아니잖아요."

"알고 있네."

아저씨는 담담하게 대답하더구나. 그래서 난 소리를 질렀지.

"그런데 이렇게 가만히 계신단 말입니까?"

아저씨는 고개를 들고 나를 똑바로 바라보더구나. 아주 맑고, 아주 슬픈 눈이었어.

"거기 간 캘벗 잘못이지."

그의 말은 이게 다였단다.

아저씨는 평생 동안 겪은 모든 고통과, 아들이 마지막 순간까지 겪은 부당한 차별을 가슴속에 고스란히 삭인 채 그 누구도 원망하지 않았단다. 그저 '거기 간 캘벗이 잘못'이라는 말만 되풀이할 뿐이었지.

나는 걷잡을 수 없이 화가 났지만 그저 눈물을 삼킬 수밖에 없었단다. 내 귀를 믿을 수가 없었어. 아들이 경찰복을 입은 악당의 권총에 부당하게 죽었는데 아버지라는 사람이 사법제도를 따지지도 않고 이렇게 가만히 손을 놓고 있다니, 이렇게 말도 안 되는 사건을 눈앞에 두고 구두나 닦고 앉아 있다니, 이해할 수가 없었어.

헤인스 아저씨는 그런 나를 보며 희미한 미소를 머금은 채 머리를 절레절레 흔들더구나.

"자네, 지금 화가 나 있군. 알고 있네. 나도 화가 나. 그놈이 내 아들을 죽였지. 나도 놈을 감옥에 가두고 싶어. 나도 그러려고 노력은 할 걸세. 하지만 그렇게 해도 캘벗이 한 짓은 달라지지 않아. 캘벗은 가지 말았어야 하는 곳에 갔다가 총을 맞았어. 내가 무슨 짓을 하더라도 녀석의 잘못을 바로잡을 수는 없네. 거기 갔던 그 녀석이 잘못한 거야."

아들을 잃은 그 앞에서 내가 무슨 말을 더 할 수 있었겠니. 분명 세상 그 누구보다도 고통스러웠을 그는 나로선 도저히 이해할 수 없는 정도의 침착함을 보였단다. 또한 자신의 분노나 복수심을 정당화하기 위해서는 결코 입을 열지 않았어. 감정에 따른 성급한 행동으로 더 큰 고통의 악순환을 만들려 하지 않았지. 그는 그렇게 온 힘을 모아 슬픔을 안으로 삭이면서, 평생 동안 지켜온 위엄을 고수한 채 당당히 그 자리에 서 있었단다.

어쩌면 누군가는 이런 그가 비겁하다고 말할지도 모르겠구나.

하지만 그날 아저씨의 눈 속에 담긴 지혜를 한 번이라도 본 사람이라면 그가 숙명론에 빠져 있다거나 겁쟁이라서 잠자코 있는 것이 아니라는 걸 단박에 알 수 있을 거야. 누구보다 확고한 도덕률을 갖고 있었기에 산처럼 강할 수 있었던 거지.

나라면 아마 분노를 그대로 폭발시켰을 거야. 경찰에게 잔인한 복수를 감행했을지도 모르지. 그리고 일부 사람들은 내가 아주 강한 정의의 화신이라고 생각했을지도 몰라. 하지만 어떻게 대처하든 나는 헤인스 아저씨만큼 강하지는 못했을 거야. 한편 아저씨는 요양원을 찾아가 낯선 사람에게 콘서트에 같이 가자고 할 만큼 강하지 못했지. 부끄러움을 무릅쓴 채 다른 사람에게 행복을 선사해줄 힘이 그에게는 허용되지 않았으니까. 같은 상황이었다면 티켓 한 장을 그대로 썩히는 수밖에 없었겠지. 내가 했던 행동을 칭찬해줄 수는 있어도 정작 본인은 그런 일을 하지 못했을 거야. 그의 강인함은 그런 종류의 것이었어. 다시 말해 두 사람, 헤인스 아저씨와 나는 서로 다른 종류의 힘을 지니고 있는 거야.

이 사실을 알아두거라. 누구나 이처럼 자기만의 힘을 갖고 있단다. 나이 든 부모를 모시기로 결정한 사람이나, 바이올린을 배우거나 양자물리학의 비밀을 파헤치기 위해 온 힘을 다 바치는 사람은 남들이 알아주지 않는 조용한 힘을 갖고 있는 거야. 자유로운 삶에 대한 욕망을 억누르고 다정하고 자상한 아버지가 되기 위해 노력하는 사람 역시 그 누구보다 강인한 사람이지. 비록 그 힘이 눈에 쉽게 띄지는 않겠지만 말이야.

너도 너만이 가질 수 있는 힘을 찾으렴. 육체의 힘을 통해 강인함을 표현하려는 사람은 너무나 많아. 험난한 산에 오르거나 침입자를 무찌르는 사람이 가장 강하다고 생각하기도 쉬워. 그런 이들에게 사람들은 두려움을 극복했다는 찬사를 보내지. 하지만 두려움을 극복하는 힘 외에 더 커다란 힘이 있어. 누구나 각자가 두려워하는 것이 있는 법이야. 누군가는 싸우다가 다치는 것을 두려워하고, 누군가는 연인과 헤어지는 것을, 누군가는 사람들 앞에서 망신당하는 것을, 누군가는 혼자 있는 것을 두려워하지. 이와 같은 두려움을 반드시 극복해야 강한 남자가 될 수 있다는 편견을 버리도록 해. 진정한 힘은 신념의 중심에 뿌리 박혀 있기에 두려움의 씨앗이 결코 자라날 수 없단다.

마틴 루터 목사는 신을 보았다고 주장하며 이렇게 말했단다.

"제가 여기 서 있는 이유는 이렇게밖에 할 수 없었기 때문입니다."

네가 어떤 대상에 대해 이와 같은 확신으로 말할 수 있다면 그 밖의 다른 것들은 모두 저버리거라. 그러면 너의 확고한 신념이 모든 공포와 분노를 극복한다는 걸 깨닫게 되고, 헤인스 아저씨처럼 흔들림 없이 평화롭게 너의 자리를 지킬 수 있을 거야. 억지로 조작하지 않고도, 목소리를 높이지 않고도 아주 확실한 강인함을 갖게 될 거야. 그런 힘을 네 안에서 찾도록 노력하거라. 그 힘은 물리적 지배를 향한 충동과 분노, 정의보다 훨씬 높은 곳에 자리하고 있단다. 바로 평화로운 네 가슴속에 말이야.

사람들의 조롱과 괴롭힘 앞에서 무섭다고 솔직하게 말할 수 있겠니? 타인의 비난을 감수하고서라도 모두가 싫어하는 사람과 친구가 될 수 있겠니? 부당한 대우를 받는 누군가를 위해 다수에 맞서 정정당당하게 싸울 수 있겠니? 이렇게 젊은이의 힘을 시험할 사건이 너에게 시시때때로 닥칠 것이다.

친구의 여자 친구를 원하면서도 그녀를 멀리할 수 있겠니? 싫어하는 술자리나 모임을 솔직하게 거절할 수 있겠니? 독선에 빠지지 않고 친절하고 명확하게 이런 일을 해낼 수 있다면 너는 아주 강한 남자란다. 널 물리적인 힘으로 억압하는 사람보다 말이야. 강한 것과 주먹이 센 것은 엄연히 다르다는 걸 잊지 말아라. 진정한 강인함은 가슴에서 우러나오는 거란다. 강인함의 반대말은 유약함이나 두려움이 아니라 혼동, 불투명함, 불건전한 의도야. 네가 지혜로써 이 둘을 구분하고 남들의 비난 속에서도 그 가치관을 지켜갈 수 있다면 좋겠구나.

도교에 이런 말이 있단다.

"이 세상에서 가장 강한 힘은 다른 사람을 두려워하게 만들지 않는 것이다."

부디 이 말을 잊지 말거라. 폭력에 근거한 힘은 남들을 두려워하게 만들지만, 사랑에 근거한 힘은 남들이 필요로 하는 법이란다.

싸움에 대하여 About a Fight

오래전 집에서 기르던 개 중에 싸우기를 유난히 좋아하던 개가 있었단다. 다른 개들이 싸움을 걸 때는 물론이고, 가만히 있는 개에게도 난데없이 달려들곤 했어. 그때마다 나는 호통을 치며 둘을 갈라놓으려고 애썼지만, 어찌나 힘이 센지 막을 수가 없었어. 싸움이 끝나면 나는 개를 앉혀놓고 가만히 바라보았어. 싸움에서 이기든 지든, 개는 입술을 기묘하게 일그러뜨리며 웃고 있더구나. 숨을 헐떡이면서도 뭐가 그리 좋은지 눈을 희번덕거렸지. 녀석은 온몸이 상처투성이인데도 싸워야만 마음이 편한 듯 보였어.

사람 역시 싸움에 집착하면 그 개처럼 된단다. 싸움은 원시적인 즐거움을 주지. 싸우는 동안에는 그 싸움 뒤에 얻을 상처 따위엔 관심도 없어져. 이성은 사라지고 감각만이, 내면 깊숙이 숨어 있던 공격 본능만이 되살아나 날뛰지. 그런데 이런 본능을 즐기는 사람이 있어. 이들은 싸울 때에만 온전히 살아 있다는 느낌에 사로잡혀. 공포와 분노가 주는 미묘한 흥분을 좋아하고, 싸움을 잘해야만 진짜 남자다운 거라고 생각하지.

네 주위에도 분명 그런 사람이 한둘쯤 있을 거야. 그런 사람은 조심해야 한단다. 어쩌면 네가 남자답다며 다가와 함께 싸우자고 유혹할지도 몰라. 그러다 네가 싫다고 하면 겁쟁이라고 조롱하고 너와 네 가족을 욕하며 괴롭힐 거야.

그들은 너와 싸우기 위해서라면 무슨 짓이든 다 하려고 들 거야. 그들에게 적이 없는 것은 곧 자아가 없는 것과 같으니까. 때문에 자기 존재를 확인하기 위해 끊임없이 싸움을 만드는 거야. 그런 사람들과는 어울리지 말도록 하거라. 싸움을 외면하기보다 주먹을 쥐는 게 남자답다는 그들의 논리에 속지 말거라. 겁을 먹으면 남자가 아니라고 하는 그들의 꾐에 넘어가지도 말아라. 그들도 사실은 두려움을 느낀단다. 그저 싸워야만 남자답다는 착각에 빠져 있기 때문에 그렇게 행동할 뿐이지. 약자가 되어 부드러움을 표현하는 것이 싸우는 것보다 더 숭고하다는 것을 그들은 좀처럼 깨닫지 못한단다.

  그들과 맞서 싸워 이겼다고 치자. 그럼 네가 남자다운 거라 말할 수 있을까? 물론 아니란다. 싸워서 더 큰 폭력을 일으키는 것보다는 네 마음속의 적을 이기는 것이 훨씬 남자다운 행동이야. 그러니 아들아, 가능하면 주먹을 들지 말거라. 이기는 것에 연연하는 것이야말로 남자답지 못한 태도란다. 네가 이겨야 할 상대는 그들이 아니라 잘못된 믿음이야. 두려움은 곧 나약함이고 승리는 곧 강인함이라는 잘못된 믿음을 버리고, 사랑과 부드러움이 무엇보다 강하고 위대하다는 것을 잊지 말도록 하거라. 앞으로 이 두 가지 생각이 가슴속에서 끊임없이 갈등하겠지만, 그 갈등 또한 주먹질로는 결코 풀 수 없어.

  물론 살다 보면 자신을 보호하기 위해 어쩔 수 없이 싸워야 하는 경우가 생기기도 해. 싸움으로써만 세상을 지배할 수 있다는 잘못된 신념으로 부당하게 폭력을 휘두르는 사람이 이 세상엔 너무 많으니까. 언젠가는 그런 사람들이 네게 싸움을 걸면서 막다른 길로 널 몰아붙이고 싸우려 들지도 모르지. 네가 강해 보여서, 혹은 약해 보여서, 아니면 그저 네가 싸우기 싫어하는 사람이라는 이유로 말이다. 또 순전히 자신의 분노를 다스리지 못해서 아무 이유 없이 싸움을 걸 수도 있어. 그런 사람들은 네가 싸움에 응하지 않고 피하는 것을 그냥 내버려두지 않을 거야. 네가 아무리 논리적으로 설득하려 해도 계속해서 싸움을 걸겠지. 그때는 너도 참기가 힘들 거야.

그렇다면 그럴 때 이런 식으로 생각하는 게 어떻겠니? 그를 전염병에 걸린 사람으로 생각하는 거야. 인간의 영혼을 타락시키는 병에 걸려 선(善)과 사랑을 믿지 못하는 전염병에 걸린 거라고 말이다. 네게 이유 없이 싸움을 거는 사람은 그러한 전염병을 세상에 퍼뜨리는 사람이라고 생각하렴. 세상에 그 전염병을 퍼뜨리는 사람이라고 생각하렴. 그리고 너에게는 그 병이 퍼지는 것을 막을 의무가 있는 거야.

만일 싸움으로써 그 전염병을 막을 수 있다면, 혹은 사랑과 동정으로, 논리와 이성으로 병을 치유할 수 있다면 그렇게 하거라. 얼굴이나 몸에 상처를 입지 않고 싸우지 않을 수 있다면 그렇게 해. 또한 누군가 너나 네가 사랑하는 사람 혹은 어린아이나 노인처럼 힘없는 사람을 해치려 한다면, 그때는 기꺼이 싸워야 할 것이다. 그럴 때 그저 방관만 하고 있다면 너는 남들을 다치게 내버려두고 전염병이 퍼지는 것을 방치하는 것이니 말이야.

 단 어쩔 수 없이 싸워야만 한다 해도 화를 내지는 말거라. 수술실에서의 외과 의사와 같은 냉정함으로 그 싸움에 임해야 한다. 의사는 병을 미워하되 병에게 화를 내지는 않아. 또 날카로운 판단력을 갖고 냉정하고 침착하게 메스를 들되 분개하지는 않지. 바로 그와 같은 자세로 냉정하고 결단력 있게 움직여야 한단다. 감정과는 철저히 거리를 두고 침착하게, 폭력은 최소한 줄여서 싸움을 끝내야 해. 어떻게 해야 빨리 끝낼 수 있을지 생각하고 그에 따라 움직이는 거야.

 싸움의 의도가 다른 사람에게 상처를 입히는 것이라면 그건 분명 잘못된 싸움이야. 정당한 싸움은 타인에게 해를 입히려는 사람을 저지하기 위한 싸움, 그것 하나뿐이란다. 너는 질병을 치유하는 사람이 되어야지, 전염병 보균자를 벌하는 사람이 되어서는 안 된다. 또한 이것도 잊지 말거라. 정당한 싸움은 있어도 좋은 싸움이란 없단다. 싸움에는 상처가 불가피하고, 누구든 한 사람이 상처를 받으면 그건 우리 모두의 손해니까. 마음속에서 치솟는 공포와 격분을 이겨낼 수 있다면 대부분의 싸움을 피할 수 있단다. 혹 싸움을 피할 수 없는 상황이라면 그것을 개인적인 원한으로 발전시키지 말거라. 싸움을 하든 하지 않든, 너의 정신에 상처를 입히는 결과는 불러들이지 않도록 해라. 노자가 말했듯, 진정한 무사는 분노를 드러내지 않으며, 진정한 정복자는 복수를 꾀하지 않는단다. 꼭 싸워야겠거든 그렇게 하거라. 그러나 일그러진 미소를 띤 개가 되지는 말거라.

전쟁에 대하여 About an War

 네가 전쟁에 소집되는 일이 없기를 이 아버지는 간절히 바란단다. 세상의 균형이 깨지고 세상 가득 광기가 퍼지는 날이 오지 않기를 진심으로 바라. 하지만 그런 때가 영원히 오지 않으리라고 장담할 수는 없는 일이지. 그런 일이 일어나면 너는 선택의 갈림길 앞에 서게 될 거다. 결코 쉬운 결정은 아닐 거야.

 사회는 모든 면에서 국민에게 많은 이익을 주고 있단다. 그리고 국민은 그 이익을 받아들이고, 사회의 요구에 따르고, 정치인을 선출하지. 정치인이나 일반 시민이나 할 것 없이 아마 대부분의 사람들은 너나 나만큼 전쟁을 싫어할 거야. 그럼에도 불구하고 나라의 지도자들이 전쟁을 결정했다면, 분명 그렇게 결정하게 된 나름대로의 이유와 논리가 있을 거야. 사회적인 측면에서 어떤 위험성을 감지했을 수도 있고, 전쟁을 해야만 국가의 생존에 반드시 필요한 정책을 계속 펼칠 수 있다고 판단했기 때문일지도 모르지. 또 개개인의 생활을 지키기 위해 전쟁이 불가피한 경우라고 결론 내렸을 수도 있어.

물론 그들의 생각과 네 생각이 일치하지 않을 수도 있어. 또 그들이 내세우는 가치가 네게는 그리 중요하지 않게 여겨질 수도 있고 말이다. 어쩌면 자녀들이 아버지 없이 자라는 것보다 더한 생존의 위협은 없다고 주장하고 싶을지도 모르지. 하지만 애석하게도 정부는 네게 그에 관한 결정권을 주지 않아. 네가 전쟁을 합당하게 생각하는지 아닌지에 대해 정부는 관심이 없지. 요컨대 네게는 나라의 정책을 결정할 권한이 없는 거야. 네가 비폭력주의를, 어떤 상황에서도 전쟁은 정당화될 수 없다는 주장을 펼친다 해도 정부는 개의치 않을 거야. 그러나 네가 비폭력주의자여서, 가령 자원을 많이 확보하려는 이익 때문에 싸우지는 않겠다며 국가의 요구를 거부한다면 그때는 너에게 제재를 가할 거란다. 자원의 부족은 곧 국민 생활에 대한 위협이며 네 가족에 대한 위협이라는 논리로 너를 전쟁터로 불러들이려 할 거야. 그래도 네가 입장을 바꾸지 않으면 감옥에 갇히거나 나라에서 추방당하고 말겠지.

정부가 이처럼 국가의 이름으로 너를 소집할 때 어떻게 대처할 것인지 잘 생각해보렴. 살인은 무조건 나쁜 것이므로 절대 참전할 수 없다든지, 싫든 좋든 한 사회의 구성원으로서 국가의 결정에 따라야겠다든지 하는 네 나름의 결론을 내려보렴. 많은 사람들이 도덕적, 철학적, 종교적, 정치적, 전술적 판단에 따른 저마다 다른 의견을 갖고 있지.

앞서 싸움에 대한 이야기를 할 때 내가 말했던 전염병이 지구 어디에 도사리고 있는지 한번 둘러보렴. 국민을 전쟁터로 내모는 적군의 나라가 바로 그 전염병의 땅인지, 아니면 우리나라가 그러한지 말이다. 그에 대한 답이 바로 전쟁에 대한 너의 입장을 결정하는 요인이 될 것이야. 하지만 그 판단을 성급히 하지는 말거라. 새로운 질서를 수립해야 한다는 것은 말처럼 쉬운 일이 아니란다. 유구한 역사 속에서 전쟁은 늘 존재해왔고, 폭력 역시 인간 본성의 한 부분으로 자리하고 있어. 그것이 마음에 들지 않더라도, 폭력의 폭풍우가 문 밖에서 밀려오는데 고상한 비폭력주의만을 역설하는 것도 참으로 공허한 일이 아니겠니.

간혹 목숨을 바치면서까지 강경하게 인간의 선한 본성을 주장하는 이들도 있지. 그들은 최후의 승자는 결국 선이라 믿고, 폭력의 폭풍우가 인간을 쓰러뜨리도록 내버려두지 않아. 형제를 향해 무기를 휘두를 수는 없다고 외치면서 말이야. 그들은 깊고 넓은 안목을 갖고 있어서 짧은 식견으로 내린 생각이 인류의 미래에 더 큰 고통을 안겨줄 수 있다는 걸 알고 있어. 때문에 자기 목숨과 사랑하는 사람의 목숨을 희생하면서까지 전쟁 없는 사회를 이룩하기 위해 노력한단다. 너 자신이 이러한 선구자 중의 한 사람이라면, 앞으로의 네 선택은 무조건 올바를 거야. 네가 비폭력주의자라면 당장은 많은 사람이 죽고 모든 것이 파괴되더라도 숭고한 질서를 주장할 수 있겠지. 마틴 루터 킹 목사나 마하트마 간디, 테레사 수녀 등과 같이 위대한 사람들처럼 말이야.

하지만 어떤 입장이든 성급히 결정하지 말고 스스로에게 한번 물어보거라. 부조리한 폭력에 가족들이 죽는 것을 가만히 보고 있을 수 있는가, 확고한 원칙을 갖고 있는가. 또 한편으로 국가가 아무리 불완전하다 해도 너의 조국이기에 국가가 선포한 전쟁에 기꺼이 참전해야 한다고 생각한다면, 너는 애국심을 주장하며 언제든 나라의 부름에 응할 수 있을 거야. 많은 위인들이 그러했지. 이름 없는 무덤이 가득한 외로운 전쟁터에서 쓸쓸히 쓰러지면서 말이야.

다음으로 이런 자문도 해보렴. 국가의 이익을 위해 사랑하는 아들딸을 두고 기꺼이 나라에 목숨을 바칠 수 있는지, 너의 애국심이 그토록 강렬한지, 나라가 단순히 복수심에서 전쟁을 일으켰다 할지라도 기꺼이 의무를 다할지, 정부가 내세우는 추상적인 원리 원칙을 위해 네 아이를 전쟁터로 보낼 수 있는지. 만약 그럴 수 없다면 당장이라도 나라를 떠나야 할 거야. 전쟁은 그냥 전쟁일 뿐이라고 생각한다면 너는 그 전쟁에 뛰어들어서는 안 된단다. 그러면 어떻게 결정해야 좋을까?

중국에 이런 이야기가 있다. 학자들이 모여 선과 악에 대한 이야기를 나누고 있었지. 수많은 의견이 한참 분분하게 이어졌지. 그때 웬 노인이 지나갔단다. 토론하던 이들은 그 노인에게 한번 물어보기로 했어. 그러자 노인은 잠시 생각하더니 우물을 가리키며 이렇게 말했단다.

"누가 저 우물에 갓난아기를 던지는 걸 본다면, 당신들은 그게 옳은 일이 아니라는 걸 알 수 있을 거요."

이 우화는 복잡해질 수 있는 이치를 아주 단순하게 보여준단다. 사회나 정부가 아이를 죽이려 한다면 너는 그게 옳은 일이 아니라는 걸 알 수 있을 거야. 전염병이 지구상에 있다면 병이 퍼지기 전에 막아야겠지. 정부가 공허한 이익을 위해 어린아이들을 죽이고 있다면 그건 명백한 정부의 잘못이며 막아야 할 일이야. 따라서 만일 타국의 정부가 그런 식으로 무고한 아이들을 죽이고 있어서 우리나라 정부가 전쟁으로써 그 행위를 막으려는 것이라면, 그 전쟁은 정당한 것이라 할 수 있지.

하지만 세상에는 정당한 전쟁보다 그릇된 의도로 발생한 전쟁이 더욱 많은 듯하구나. 정치적, 경제적 혹은 종교적 논쟁에서 비롯된 전쟁이 그러하지. 그러한 전쟁은 유치하고 오만한 싸움에 불과해. 또 토지나 자원의 통제권을 놓고 벌이는 전쟁은 탐욕과 공포의 소산에 지나지 않는단다. 그 외에도 전쟁의 목적은 많단다. 억압에서 벗어나기 위한 전쟁, 가난을 떨치기 위한 전쟁. 이러한 전쟁의 성격에 대해서는 뭐라 한마디로 단정 지을 수가 없구나. 어쨌거나 이유가 무엇이든 전쟁의 결정은 굉장히 신중해야 한단다. 추상적으로 바라봤을 때 그 전쟁의 목적이 아무리 숭고하다 해도, 죄 없는 사람들의 수많은 생명이 버려진다는 것은 부인할 수 없는 사실이니까.

다시 죽어가는 아이들에 대해 생각해보자. 이 세상에 아이들의 목숨을 대신할 만큼 중요한 가치가 얼마나 될까? 너의 손에 아이의 목숨이 달려 있다고 가정해보렴. 국가의 목적이나 정책을 위해 그 아이를 희생시킬 수 있겠니? 그 목적이 수백, 수천 명의 목숨을 앗아가는 광인을 멸하기 위한 것이라면 그럴 수 있겠지. 그러한 광인들은 번번이 세상에 나타나 폭력과 기아를 이용해 많은 시민들의 목숨을 앗아가니까. 또 때로는 우리 모두를 위협하는 미치광이가 나타날 수도 있겠지. 전 세계가 폭력의 광기에 휩쓸려 지상의 일부가 폐허가 될 수도 있고. 그럴 때면 너는 다수를 구하기 위해 소수를 죽일지 말지를 결정해야 할 거야.

하지만 언제나 신중하게 생각해야 한단다. 정부는 자신의 입장을 정당화하기 위해 갖은 노력을 다할 테니까. 필요하다면 너를 위협하고 곤경에 빠뜨리는 것도 서슴지 않을 거야. 무조건 정부가 선택한 길을 따르라고 줄곧 강요하겠지. 그럴 때면 진리는 눈에 잘 보이지 않는단다. 무수한 희생자가 발생하고 한참의 세월이 지날 때까지, 진리는 땅속 깊이 파묻혀 있을 거야. 그럴 땐 네 가슴에 귀를 기울이거라. 모든 관점을 동원하여 생각에 생각을 거듭하다 보면 가장 현명한 판단을 내릴 수 있을 거야. 진리를 깨달을 수 있도록 노력하고, 그렇게 깨달은 진리와 함께하거라.

만일 네가 깨달은 진리가 전쟁이라면 나가서 명예롭게 싸워라. 또 그 진리가 저항이라면 용기 있게 저항해라. 네가 어떤 선택을 하든 너는 분명 혹독한 일을 겪게 될 거란다. 유구한 역사에 걸쳐 계속되어온 전쟁의 결말은 하나같이 비참했으니 말이다. 만일 네 인생의 한 계절에서 전쟁이 일어난다면, 그리하여 너와 너의 세대가 전쟁에 대응해야 한다면 선택할 수도 피할 수도 없는 무거운 짐이 네 어깨 위에 지워질 거야. 그럴 때 너는 중심을 잃어서는 안 돼. 땅 위에 단단히 발을 붙이고 서서, 수많은 사람들의 입장을 존중해야 한단다. 전쟁이 끝나면 그 모든 혼란도 끝이 날 거야. 풍파가 지난 다음 땅이 굳고 때가 되면 한 세대가 마음을 모아 진정한 형제자매가 되어, 다음 세대에게는 아름다운 세상을 물려주리라는 책임을 함께하겠지.

기억하렴. 세상의 어떤 전쟁도, 세상의 모든 전쟁을 종식시킬 수는 없단다. 그러니 전쟁은 반드시 숱한 사람들의 목숨이 위험에 처한 상황에서만 일어나야 해. 커다란 악이 아이들의 목숨을 앗아간다면, 그때는 기꺼이 나가서 싸우도록 하거라. 하지만 그게 아니라면 평화를 위해 너의 힘을 보태도록 해라.

믿음과 종교에 대하여
About a Faith & Religion

인간은 모두 신앙을 품고 태어난단다. 그 믿음의 대상은 이름이나 얼굴이 없을 수도 있고, 또 자기 자신조차 인지하지 못할 수도 있어. 그러나 신은 늘 그 자리에 계신단다.

신의 존재를 느낀 적이 있니? 그것은 별이 빼곡한 하늘을 바라보며 우주 너머의 세계를 상상하면서 느낄 수도 있고, 아침 햇살을 받으며 눈을 떴을 때의 잔잔한 떨림, 어디선가 맡아본 것 같은 향기, 어디서 오는지 모를 따뜻한 사랑의 시선을 느끼면서 감지할 수도 있어. 이 세상에 '시간'이라는 개념이 시작되기 전에 '우주의 끝 저 너머에 무엇이 있을까' 하는 의문을 가져본 적이 있니? 바로 그 순간 너의 등 뒤에는 신이 있었단다.

무신론자들은 '신은 현실을 직시하지 못하는 사람들이 의지할 대상을 만들기 위해 만든 동화 같은 것'이라고 말해. 우주의 기원이나 자연의 움직임을 과학적으로 얼마든지 설명할 수 있다고 그들은 주장하지. 또 신이 있다면 어떻게 이 세상에 악과 불의가 이토록 횡행할 수 있냐고, 어떻게 신앙 때문에 전쟁이 일어나고 다른 신앙을 가진 서로를 해칠 수 있냐고 묻지. 넌 이런 사람들과 논쟁을 벌일 수도, 벌여서도 안 된단다. 장자는 이런 말을 했지.

"우물 속에 있는 개구리는 바다에 대해서 이야기할 수 없다."

우주의 신비를 온전히 느끼는 사람은 저 멀리서 일렁이는 바다 소리를 들을 수 있어. 아들아, 너는 우물이 아닌 태양을 향해 발을 내딛고 바다를 향해 떠나라. 우물 속에 갇혀 그 보잘것없는 크기와 모양을 이야기하는 사람과 구태여 입씨름할 필요는 없단다. 과감히 우물을 떠나렴. 물론 그것은 쉬운 일이 아니겠지만 말이다.

수많은 사람들이 저마다 다른 이야기로, 그림으로, 글로써 자신들이 느끼는 신비를 설명하려 애쓰는구나. 인간이 '신'이라고 부르는 커다란 신비를 전하기 위해 말이야. 그들이 말하는 신앙은 제각기 달라. 누군가의 신앙은 너무 소박하고 누군가의 신앙은 너무 기괴하지. 또 간혹 전쟁을 일으키는 신앙도 있구나. 하얀 수염을 길게 기른 신이 여성을 정복하거나 아이들을 두렵게 할 때, 혹은 우리에게 다른 신앙을 가진 사람을 능멸하라고 말할 때, 대체 우리는 어떻게 종교를 받아들여야 할까? 신화로 가득한 종교, 사랑보다 비난이 넘치는 종교를 말이다.

아들아, 네가 수평선 너머의 아득한 파도 소리를 들을 수 있는 사람이라면 좋겠구나. 그렇다면 세상 속 신앙이 드러내는 수많은 모순과 부조리 때문에 신으로부터 도망치지 않을 수 있어. 우리가 보기에 모순으로 가득 찬 신앙은 모두 인간이 그렇게 만든 것뿐이란다. 바다로 가는 길을 헤아릴 수 있을까? 또 어느 방향에서 보느냐에 따라 바다는 달라 보이는 법이란다. 다른 사람의 길을 비판하지 말고 그저 자신이 걸어갈 수 있는 길을 찾으면 되는 거야.

그렇다면 그 길을 어떻게 선택해야 할까? 많은 이들이 태어나서 부모가 믿는 신앙, 그 단 하나의 종교만 접하며 자란단다. 또는 종교가 없는 부모님 아래에서 성장해 혼자서 신앙을 찾아 나서는 경우도 있어. 먼저 하나의 종교만 아는 사람들은 최소한 신을 어떻게 믿어야 한다는 것은 알지만 신을 찾는 방법은 알지 못해. 바다가 거기에 있다는 것은 아는데 바다에 이르려면 어떤 길로 가야 하는지를 모르는 거지. 그래서 처음 그 자리에 서서 오도 가도 못하고는 해. 한편 스스로 신앙을 찾아 나서는 사람들은 나름대로 신을 자유롭게 찾을 수는 있지만, 신을 믿는 방법을 알지 못해. 수많은 길을 이리저리 둘러보기만 할 뿐 어느 한 길을 향해 과감하게 발을 내딛지 못하는 거지.

지금 네가 있는 곳을 생각해보렴. 우리는 모두 인품이라는 아주 특별한 선물을 부여받았단다. 어떤 이는 동정심을, 어떤 이는 웃음을, 또 다른 이는 강한 정신력을 선물로 받았지. 인복이 많은 사람이 있는가 하면 인품이 훌륭한 사람도 있어. 세상의 부조리를 없애기 위해 적극적으로 나서는 사람이 있는가 하면 특별히 표가 나지 않아도 늘 다른 사람에게 행복을 전하는 사람도 있지. 이 모든 것들이 바로 신앙의 시작이란다. 그러니 네가 어떤 선물을 받았는지 잘 살펴보거라. 네 신앙의 근원이 무엇인지 살펴보고, 어떻게 하면 네가 받은 선물을 잘 갈고닦을 수 있을지 고민해봐야 한다.

나는 가끔씩 신을 커다란 교향곡에, 무수한 종교를 오케스트라 악기에 대입해서 생각하곤 한단다. 네가 받은 선물은 악기와 같아. 그것은 늘 네가 연주해주기를 기다리고 있지. 네가 할 일은 하나란다. 그 악기를 연주하는 방법을 찾으면 되는 거야. 물론 그 악기를 모두 다 연주할 수는 없단다. 또 연주를 잘 못할 수도 있겠지. 그래도 그저 너한테 가장 잘 맞는 악기를 찾아 최선을 다해서, 신이라는 거대한 화음에 맞춰 연주하면 되는 거야.

언젠가 브리티시컬럼비아에 있는 베네딕트 수도원에 몇 달간 머문 적이 있었단다. 그때 나는 수도사들을 위한 조각을 만들고 있었기에 그들이 가진 신앙을 잠시 희미하게나마 느낄 수 있었지. 그들의 신앙은 굉장히 엄격했단다. 온몸이 심하게 야윌 정도로 오직 기도만 하며 신에게 몸을 바치더구나. 수백 년간 이어진 베네딕트 교의 신앙과 믿음에 따라서 말이다. 뭐라고 표현하면 좋을지 모르겠지만, 그건 마치 거대한 신과 교섭하는 것처럼 보였어. 그들의 자아는 아주 먼 곳에서 들릴 듯 말 듯 울부짖고 있는 것만 같았지.

내겐 그들의 신앙이 맞지 않았단다. 너무 어둡고 의뭉스럽게 느껴졌기 때문이야. 그런데 어느 날 무척 엄격했던 대수도원장님이 나를 부르시더니 이렇게 말씀하시더구나.

"신앙을 버리지 말게나. 신앙은 자네를 정화시켜줄 걸세."

그분 말이 맞았단다. 타국을 스치듯 다녀가는 여행자처럼 나 역시 그들의 신앙을 아주 조금밖에는 알지 못했지만, 시간이 갈수록 그들이 품고 있는 거대한 신의 진리를 서서히 깨달아가기 시작했어. 그때야 비로소 드넓은 정신세계를 향해 가슴을 활짝 열어젖힐 수 있었어. 그 세계에는 한없이 평온한 합일의 어둠이 있었지. 어느덧 내 귀엔 베네딕트 수도사들의 신앙이 만들어낸 천상의 음악 소리가 들리기 시작했어. 만일 내가 그들과 계속해서 함께했다면 분명 그 음악의 일부가 되었겠지.

하지만 결과적으로 베네딕트 교의 신앙은 나의 악기가 아니었던 모양이야. 조각 일이 끝나자마자 나는 얼른 수도원을 나섰단다. 내 영혼의 음악은 다른 것이었기 때문에 내가 연주할 수 있는 다른 악기를 찾아야 했어. 그럼에도 불구하고 나는 그들의 진리를 살짝 엿보았단다. 그건 아주 정교하게 만들어진 영혼의 악기였어. 내가 그 악기의 연주법을 배운다고 해서 악기가 아름답고 안 배운다고 해서 아름답지 않다고는 말할 수 없단다. 어느 신앙이든 신의 교향곡의 일부를 담당하고 있으며, 베네딕트 교가 오케스트라에 참여하지 않는다면 그 교향곡은 덜 아름다워질 거야.

 영혼의 악기를 연주할 만한 신앙을 찾으면 두려워 말고 그에 따르렴. 종교는 많은 사람들이 공감하는 근본적인 진리에 목소리를 부여하기 위해 존재하는 것이란다. 또한 먼저 바다에 이른 사람들이 안내하는 길과도 같아. 그들의 발자국은 아주 선명해서 쉽게 따라갈 수 있지. 네 영혼에 어울리는 종교를 찾는다면 온 마음을 다 바치도록 해. 경전을 읽고 예배에 참석하며 종교에서 가르치는 모든 것들을 받아들이렴.

 만일 신에 대한 너의 믿음이 아주 조용해서 오로지 네 가슴 안에서만 존재하고자 한다면 그 역시 두려워 말고 따르면 된단다. 신과 교감했던 신앙인과 예언자들의 지혜를 구하고 네 가슴의 본성을 잘 따른다면 너의 신앙은 하루가 다르게 자라나 언젠가는 신과 교감할 수 있을 거야.

 단, 영혼은 실천을 통해서만 성장하고 완벽해진다는 것을 한시라도 잊지 말거라. 우리의 영혼도 악기와 같아서, 주인의 꾸준한 연습이 따라야만 아름다운 음악이 연주된단다. 또한 길과 같아서 부단히 걷고 또 걸어야만 편평하게 잘 닦인 길이 만들어지지. 기도를 하든, 명상을 하든, 예배를 드리든, 선한 일을 하든,

늘 네 영혼을 성장시키는 방향으로 몸을 움직이렴. 신앙을 실천하지 않고 영혼의 수련을 게을리 한다면 영혼에 대한 이해는 깊어지지 않는단다.

물론 살다 보면 다시 길을 잃고 헤매는 순간이 찾아올 수도 있어. 한없이 지쳐서 도저히 한 발짝도 내딛을 수 없을 지경에 이르고, 어쩌면 신보다 더 중요한 것이 따로 있을 수도 있다는 생각이 들 때도 있을 거야. 네 신앙이 한순간의 열정에 지나지 않는다는 느낌이 들지도 모르고, 영혼이 갈수록 하찮게 느껴질 때도 있겠지. 아니면 신에 대한 생각을 아예 하지 않을 수도 있고 말이야. 그런 순간이 와도 스스로를 채찍질하지는 말거라. 영혼의 여행은 태어나는 순간부터 죽는 순간까지 한평생 이어지는 거란다. 그 여행 기간 동안 척박한 땅에서 살 때가 있는가 하면 풍요로운 땅에서 살 때도 있겠지. 일단 신앙을 향해 한 발 내밀었다면 다시 원점으로 돌아오는 일은 없을 거야. 그러니 그저 계속해서 앞으로 나아갈 수 있도록 노력하면 된단다.

무엇보다 신앙을 가지렴. 가능하면 그 신앙을 따르고, 필요하다면 다른 신앙을 가져도 좋아. 하지만 바다로 가는 길을 포기하지는 말거라. 바다에 가까이 갈수록 일렁이는 파도 소리가 점점 커지고, 바다가 존재하고 있다는 믿음이 더욱 굳어질 거야. 때로는 그 길이 생각했던 것과 다를 수도 있겠지만, 그래도 그 길을 포기하지는 않길 바란다.

신에 대한 믿음이라는 게 그저 하나의 단순한 개념이고 누군가가 정해놓은 원칙에 지나지 않는다는 생각이 들지도 모르겠구나. 네 믿음이 신을 하나의 존재, 획일적인 개체로 만들 수도 있겠지. 하지만 어찌 되었든, 신앙은 어떤 곳으로 너를 이끌어갈 것이다.

불교의 경전에 맹인들이 코끼리의 코나 다리, 몸통이나 꼬리를 만지고는 자기가 만진 부분이 바로 코끼리라고 주장하는 얘기가 있단다. 어쩌면 우리도 그렇게 신을 알아가는 것이 아닐까? 단 하나의 진리를 찾을 수 없다는 말로 신을 향해 나아가는 길을 외면하지 말거라. 이 세상에는 무수한 종교가 있어. 엄격하고 편협한 종교는 자신들의 교리만이 진리라고 주장하며 다른 종교를 받아들이려 하지 않지만, 진리란 모든 인간이 각기 저마다의 방식으로 깨우칠 수 있는 것이란다. 아름다운 향기와 약속으로 가득한 너만의 길을 찾아 따르거라. 바보만이 태양의 형체를 볼 수 없다며 햇빛 속을 거닐지 않겠다고 말하는 법이지.

외로움과 고독에 대하여
About Loneliness & Solitude

아들아, 너는 일부러 혼자 있는 시간을 만들어본 적이 있니? 없다면 한번 만들어보거라. 몇 분, 몇 시간 정도가 아니라, 상황이 허락한다면 며칠 혹은 몇 주 동안 아무도 만나지 말고 혼자 있어보렴. 홀로 있는 시간은 자신의 영혼을 시험하는 계기를 만들어준단다. 그리고 그 시험은 나중에 몇 백 배나 더 큰 보상을 안겨주지.

혼자 있는 시간을 가져보면 네 영혼이 평화로운지 아닌지, 네가 살아가는 인생이 그저 일상의 사소한 것에 얽매어 있는지 다른 깊은 의미가 있는지 금방 알 수 있어. 이와 같은 깨달음을 얻을 수 있다면 혼자 보낸 시간은 결코 헛된 것이 아닐 거야. 결코 보잘것없는 발견이 아니란다.

　많은 사람들이 자신을 돌아볼 시간의 여유조차 갖지 못하고 그저 일상적인 일들을 처리하는 데 대부분의 시간을 할애하지. 물건을 사고파느라 여기저기 바쁘게 돌아다니기도 하면서 말이다. 그렇게 아주 자잘한 일상에 치여 사느라 호수의 잔물결 한번 가만히 쳐다볼 여유도 없는 사람이 많단다. 잔잔한 호수를 바라보고 있노라면 사소한 일상사에서 잠시나마 벗어날 수 있을 텐데 말이야.

　바쁜 일상사를 통해 인생의 의미를 찾으려는 사람들이 많지만, 사실 그것은 참으로 힘든 일이야. 일단 일에 묻히기 시작하면 못다 한 일을 끝내는 데에만 신경을 쓰게 되니까 말이야. 그건 진정으로 인생을 살아가는 것이 아니란다. 아무리 열심히 일한다 해도 일은 죽을 때까지 끊임없이 생기게 마련이거든. 그렇게 끝없이 벌어지는 일을 어떻게 다 해치울 수 있겠니. 그러니 너의 일상을 일의 리듬에 싣지 말고 삶의 리듬에 실으렴. 아무리 중요해 보이는 일이라 해도, 필요하다면 모든 것을 접어두고 잠시나마 멈춰 서서 숨 고를 시간을 갖는 것이 좋단다.

　우주는 인간 개개인의 탄생이나 죽음과는 너무도 무관하게 저 혼자서 영원히 흘러간단다. 한데 많은 사람들은 주변의 사소한 소음에 귀가 멀어 우주의 이 자연스럽고 고고한 소리를 듣지 못하는구나. 그러나 우주는 우리로 하여금 언젠가는 받아들이도록 할 거야. 우리는 거대한 우주의 한 부분에 불과하다는 진리를 말이야.

고독 속에 있으면 이와 같은 지혜를 더 빨리 깨달을 수 있단다. 흔히들 '고독'이라고 하면 그저 혼자 있는 것을 뜻하는, 시인들이나 사용하는 단어쯤으로 생각하더구나. 또 부정적이고 어두운 느낌으로 받아들이는 사람이 대부분이지. 그러나 혼자 있다는 것은 기실 아무것도 아니야. 혼자 있다 보면 외로움이나 고독에 빠질 수도 있지만, 고독이란 근본적으로 마음이 평화로운 상태를 말한단다. 외로움과는 정반대의 개념이지. 외로움이 주위의 공간을 의식한 채 텅 빈 방에 혼자 앉아 있는 분리의 상태를 말하는 것이라면, 고독은 주위의 공간과 하나가 되는 통합의 상태를 말해. 따라서 외로움은 좁은 개념이고 고독은 그보다 훨씬 넓은 개념을 아우르지. 외로움이 자신을 향해 집중되는 상태라면 고독은 세상을 향해 확장된 상태이며, 외로움의 혼잣말에 뿌리를 둔다면 고독은 영원이라는 거대한 침묵 속에 뿌리를 두고 있단다.

 많은 사람들이 혼자가 되는 것을 두려워해. 왜일까? 외로움과 고독을 혼동하기 때문이야. 그리고 대부분의 사람들은 외로움밖에 모르지. 다른 사람들에게 비친 자기 모습을 통해 스스로의 자아를 인식하는 데 익숙해져 있어서 혼자 있는 시간에는 자아가 사라진 듯한 기분에 사로잡히는 거야. 이런 감정을 잘 느끼는 사람들은 자신의 모습을 비추는 다른 존재가 없으면 두려움에 떨고, 심한 경우 광란에 상태에 빠지기도 해. 그들은 자신이 모든 것의 중심이 되어야만 비로소 안심하지. 그런데 혼자 있으면 자신의 말과 행동에 어느 누구도 반응을 보여주지 않으니 스스로의 존재가 무가치하게 느껴지는 거야.

 고독은 세상에 존재하는 모든 것들과 조화를 이루는 것이란다. 사고의 중심에서 '나'를 없애버림으로써 세상을, 인생을 더욱 깊고 풍부하게 경험할 수 있어. 조용하고 청정한 곳에서 우리는 더 건강한 고독을 맛볼 수 있단다. 그러한 곳에 있으면 일상적인 언어로 생각하지 않게 되고 세속적인 희망이 생각을 방해하는 일도 없지. 주위를 둘러보면 남들보다 이 경지에 더 가까이 근접한 사람도 있고, 이미 어린 시절에 오랜 공상을 통해 깨달은 사람도 있단다. 타의에 의해 어쩔 수 없이 외로운 상태에 빠져 있다가 갑자기 서광이 비치는 것처럼 불현듯 이 사실을 깨달은 사람도 있어. 또 정신없이 일에 매달려 있느라 이런 사실이 있는지조차 깨닫지 못하는 사람도 있지만, 그들도 마음만 먹으면 누구나 이 경지에 도달할 수 있단다.

아들아. 이와 같은 이치를 깨닫기 위해서는 자신을 위해 혼자만의 시간을 따로 마련해야 한단다. 누구에게도 방해받지 않고 누구도 너를 공상의 세계에서 끄집어낼 수 없는 그런 시간을 말이다. 나이를 먹으면 가족도 생기고 또 그만큼 책임감도 늘어나기 때문에 혼자만의 시간을 갖기가 더욱 힘들어져. 물론 아주 불가능한 것은 아니지만 쉬운 일은 아닐 거야. 그러니 젊었을 때 텅 빈 공간의 메아리와 침묵의 노래를 들을 수 있는 곳으로 떠나보는 경험이 필요해.

가장 좋은 곳을 꼽자면 그건 자연 속이겠지. 혼자서 자연으로 들어갈 용기와 지혜가 있다면 거대한 우주의 리듬과 영원의 소리가 금방이라도 네 앞에 모습을 드러낼 것이다. 일단 그것을 발견한 뒤에는 그 소리가 늘 널 위해 존재하고 어디를 가든 너를 따라다닐 거야. 외부의 평화를 통해 네 마음에도 평화가 생기고,

너만 원하면 언제든 그러한 경지에 이를 수 있지. 네 마음속에 이미 평화가 있다는 걸 깨닫고 있을 테니까 말이야.

그런 경지에 금방 다다를 수 있는 사람은 많지 않단다. 대부분의 사람들이 혼자 있으면 1분, 1초같이 짧은 시간도 무겁게 느껴지고 잡다한 생각에 부딪히는 외로움의 단계를 거쳐야 하니까. 그러나 그런 고독을 느껴볼 가치는 분명히 있어. 그렇게 몸부림을 치다 보면 조금씩 고독의 고요함이 얼마나 평화로운지 알게 될 거야. 그리고 그 평화의 중심에 서면 마치 향기로운 꽃밭에 발을 딛고 서 있는 느낌이 들 거야. 그때 우리는 비로소 일상의 지뢰밭에서 벗어나 새로운 호흡을 시작할 수 있지.

그 순간의 세상은 네가 그 전까지 본 세상과 다를 거야. 한 그루의 나무가 살아 숨 쉬는 존재로 보이기 시작하고, 그것의 풍요로운 향기가 콧속에 들어오는 것이 느껴지고, 바람결에 흔들리는 나뭇잎 소리가 들려오지. 바람과 함께 춤추는 나뭇잎의 리듬도 느낄 수 있고 말이야. 그렇게 침묵은 또 하나의 교향곡이 되고, 세상의 시간은 매 순간으로 분리된 것이 아니라 자연의 리듬을 타고 속절없이 흘러가는 움직임이라는 걸 알게 된단다. 그 진리를 마음 깊이 새기면 어느덧 외로움은 사라지고 진정한 고독의 기쁨으로 들어갈 수 있을 거야. 삶의 맥박 소리 그리고 시간의 영원한 흐름과 한 몸이 되는 거지.

이런 깨달음은 아무나 맛볼 수 없는 평화를 가져다준단다. 그건 너 혼자만의 평화를 찾는 동시에 인간관계에서도 진실한 사랑을 찾게 해줘. 혼자 있는 시간을 즐기고 그로써 자신감을 가지면 자아를 찾기 위해 구태여 타인을 찾을 이유도 없어지지만, 스스로의 내면에서 진정한 가치를 찾음으로써 타인의 선과 가치까지 사랑할 수 있어. 그러면 타인의 인생에 끼어들어 참견하려 들지 않게 되고, 마음속의 빈 공간에 타인을 억지로 채워 넣으려고도 하지 않게 되지.

이건 고독을 모르는 사람은 결코 이를 수도, 이해할 수도 없는 상태란다. 외로움에 사로잡힌 대부분의 사람들이 사랑하는 사람에게 무리한 요구를 해. 자신의 외로움을 상대방이 채워주기를 바라고, 사랑이라는 이름으로 자신의 욕망과 기대를 충족시켜주기를 강요하지. 관계를 지속하기 위해서는 서로에게 완전히 매어 있어야 한다고 여기는 그들은 곁에 있는 사람에게 조금의 자유도 허락하지 않아. 하지만 사실 그들이 원하는 것은 사랑하는 사람들도 자기처럼 똑같이 공허해지는 것에 지나지 않는 거야.

풍요로워야 마땅한 그들의 내적 공간은 그저 채워지기만을 기다리는 거대한 욕망의 구덩이에 불과하지. 그들의 사랑은 곧 속박이 되고, 스스로는 순수하다고 생각하는 의도가 사실은 가장 아껴야 할 사람의 인생에서 생명의 정수를 빼앗는 결과를 낳아.

 진정으로 행복한 삶을 영위하고 싶다면 고독의 교훈을 배우렴. 그건 그리 어려운 일이 아니야. 가만히 침묵하는 법만 배우면 된단다. 시간의 한계에서 벗어나 욕망으로부터 자유로운 경지에 이를 때까지 초조함과 일상의 잡음을 견뎌내렴. 외로움이 찾아와도 꾹 참아보는 연습을 하도록 해. 그리고 모든 것을 받아들이거라. 고독은 어느 한순간에 찾아오는 것이 아니라 네가 끊임없이 도달하기 위해 나아가야 이를 수 있는 경지란다. 사랑으로 주위를 둘러보고, 고독이 있는 곳으로 가서 위대한 침묵이 주는 교훈을 들이마시거라. 그와 같은 시간이 반복되면 이후의 삶에서 무서운 외로움이 너를 장악하는 순간을 맞지 않을 수 있어.

스포츠에 대하여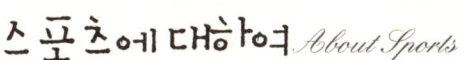

하루하루의 일상이 바쁘겠지만 가능한 한 시간을 내서 좋아하는 스포츠를 만들어보아라. 스포츠의 단점만 보는 사람들은 그것을 비난하지만, 스포츠는 다른 분야에서는 배울 수 없는 소중한 교훈을 깨닫게 해준단다.

스포츠에는 몇 가지 고유한 특징이 있어. 먼저 시간과 공간의 제약을 받는다는 유한성을 들 수 있겠구나. 스포츠는 시작과 끝이 분명하지. 또 일단 끝이 나면 네가 얼마나 잘했는지 명확한 평가가 내려지지. 바로 이런 점이 마음에 들지 않니? 정해진 기준에 맞춰 자신을 평가하고 그 즉시 결과를 받아볼 수 있다는 점이 말이야. 인생에서 이처럼 객관적으로 분명하게 평가할 수 있는 부분이 얼마나 있겠니. 하지만 스포츠는 결과를 확인하기 위해 오래 기다릴 필요가 없지. 또한 승자와 패자가 분명해. 더 빠른 기록과 더 느린 기록이 분명하게 드러나지. 무엇보다 가장 큰 특징은 인생의 다른 경험들과는 달리 현실의 한 조각을 정확하게 측정할 수 있다는 점이야.

스포츠는 우리 인생의 한 부분이면서도 분리되어 있기 때문에 우리의 기억 속에 아주 생생하게 남는단다. 누군가에게 몇 년 전 자신이 한 스포츠 시합에 대해 물어보렴. 그러면 그 사람은 마치 어제 시합을 치른 것처럼 생생하게 기억하고 말해줄 거야. 그 게임에 임하는 동안 어느 때보다 몸을 열심히 움직이고 무서운 집중력을 발휘하고 있었기에 일상생활에 대한 것보다 더 생생히 기억하는 거란다. 물론 다른 활동을 하면서도 그런 순간이 있을 수 있지만 스포츠를 할 때만큼은 아닐 거야.

스포츠는 너의 지성과 의지력을 시험해볼 수 있는 특별한 무대이기도 해. 육체적인 차원에서 보면 스포츠의 결과는 아주 간단해. 누가 누구보다 강하고 누가 먼저 한계에 부딪히느냐가 명확하게 드러나지. 하지만 그러한 한계를 지성으로도 충분히 보강할 수 있단다. 어떻게 하면 더 영리하게 경기를 즐길 수 있는지, 즉 이성으로써 육체적 한계를 극복하는 교훈을 스포츠를 통해 우리는 배울 수 있어.

물론 상대방이 육체적으로 너무 강해서 도저히 이길 방법이 없는 경우도 있을 수 있어. 바로 그때야말로 너의 의지력을 시험해볼 수 있는 가장 좋은 기회란다. 결국 지고 말 거라는 걸 뻔히 알면서도 계속해서 상대와 겨루는 의지, 이것을 발견한다면 비록 승부에서 져도 커다란 만족감을 맛보게 될 거야. 이것이 바로 스포츠가 가진 가치의 핵심이란다. 스포츠는 육체적인 활동을 통해 도덕적인 면을 표면으로 끌어올리는 경험이야. 다소 거창하게 들릴지 모르겠지만 사실이란다. 아무리 분별없는 사람이라도 스포츠를 통해 그는 자신의 도덕적인 면을 발견하게 돼.

너는 이기기 위해 최선을 다한 후 승부에 승복하는 편이니, 아니면 쉽게 인정하지 못하는 편이니? 분노라는 에너지를 통해 더 큰 일을 할 수 있는 사람이니, 화만 내다가 결국 모든 것을 망쳐버리는 사람이니? 다른 사람을 희생시키더라도 너 하나만 이기기를 바라니, 주변 사람들이 최고의 능력을 발휘하도록 도와주면서 자신도 성공하기 위해 노력하는 편이니? 상대의 강점에 정면으로 맞대응해서 극복하는 사람과 상대의 약점을 캐내려 애쓰는 사람, 이 둘 중 넌 어느 쪽에 속하는지 자문해보렴. 실전에서는 이와 같은 갈림길에서 신중하게 결정할 시간이 없단다. 어떤 사람이 될지 본능적으로, 순간적으로 내리게 되지. 그리고 너 자신의 행동은 시합이 끝난 후에야 알 수 있어. 그렇게 스포츠는 생각이 아니라 몸으로 너의 실체를 말해준단다.

지인 중에 하프마라톤 경주에 출전하기 위해 열심히 달리기 연습을 하는 사람이 있었단다. 그는 매일 아침 일어나자마자 계단 오르기, 쪼그려 뛰기, 쉬지 않고 전속력으로 달리기, 누워서 다리 들어올리기 등, 육상 선수도 힘들어할 훈련을 아주 열심히 했단다. 어떤 날은 너무 힘들고 고통스러워서 눈물을 흘리기도 했어. 하지만 그 사람은 지금까지 한 번도 마라톤에서 우승한 적이 없었단다. 어느 날 마라톤 경기장에서 그를 만났어. 여전히 성실하게 연습하고 있더구나. 운동장을 몇 바퀴나 뛰었는지 허리를 숙인 채 고통스러운 표정으로 숨을 토해내고 있었어. 안타까운 마음에 내가 물었지.

"왜 그렇게 힘든 일을 하는 겁니까? 스포츠는 즐겁게 살자고 하는 거 아닙니까. 한데 당신은 꼭 고문 받는 사람 같아요."

그러자 그는 결승선에서 1미터쯤 떨어진 지점에 발끝으로 선을 긋더니 이렇게 말하더구나.

"이 마지막 1미터를 위해 뛰는 거예요. 이 마지막 1미터를 뛰는 순간이면, 전 정신과 상담사를 만났을 때보다 나 자신에 대해 훨씬 많은 것을 알 수 있거든요."

그가 운동을 하는 근본적인 이유가 이 '마지막 1미터'라는 말 속에 담겨 있단다. 어느 스포츠나 경기가 끝나기 전 마지막 몇 분 혹은 몇 미터를 앞둔 순간이 있단다. 그때만큼 인간의 육체와 의지가 완벽하게 시험받는 순간은 없어. 가장 어렵고 힘든 순간에 인간의 진면목이 극명히 드러나는 법이니까. 재능이 있든 없든 이 '마지막 1미터'에서 자신의 역량을 아주 정확한 저울 위에 올려놓을 수가 있지.

스포츠가 가치 있는 이유는 이 밖에도 아주 많이 있어. 네가 좋아하는 스포츠를 하나 선택해 전심전력을 다 쏟아보렴. 단 그것을 통해 명예를 얻으려 하거나 주변 사람들의 눈을 의식해 하지는 말기를 바란다. 그보다 순전히 그 활동을 통해 즐거움을 얻고 스스로의 진면목을 확인하거라. 아마 다른 어떤 경험에서도 얻을 수 없는 동료애와 스스로에 대한 영감을 찾을 수 있을 거야. 무엇보다 인생의 다른 영역에서 '마지막 1미터'를 앞둔 사람을 만났을 때, 너는 그들과 함께 공감할 수 있을 거야. 그것이 어떤 경험이고 무슨 의미를 갖는지는 느껴본 사람만이 알고 있을 테니 말이다.

경쟁의 무대에선 활짝 열린 마음으로 타인과의 공감을 느낄 수 있지. 그러한 공감을 느낄 수 있는 활동, 게다가 몸도 건강해지고 자아도 확인할 수 있으니 참으로 좋은 일 아니니. 부디 이 경험의 가치를 누리고 인생에서 얻을 수 있는 또 하나의 소중한 선물로 간직하거라.

여행에 대하여

아들아, 너는 인생을 살면서 어느 순간 무작정 길을 떠나 낯선 곳으로 가고 싶은 생각이 든 적이 있니? 누구나 한 번쯤은 이런 충동이 일어난단다. 이곳저곳을 정처 없이 헤매보고 싶은 충동, 저 산 너머에 있는 것이 무언지 두 눈으로 확인해보고 싶은 충동이 시시때때로 마음 깊은 곳에서 메아리처럼 울려 퍼지지. 어떤 사람들은 이 소리가 너무도 아득해서 잘 듣지 못한단다. 그들은 자신의 미래와 가정을 꾸리는 가까운 목표만을 생각하기에 여행의 충동을 느껴도 쉽사리 외면해버려. 그런가 하면 한곳에 정착하고 싶지만 이 충동의 소리가 거대한 파도처럼 너무나 크게, 끊임없이 들려와 도저히 가만히 앉아 있을 수 없는 사람들도 있지.

젊은 시절에는 이 메아리 소리에 반드시 귀를 기울여보거라. 그리고 기회를 놓치지 말고 먼 곳에서 너를 부르는 소리에 따르렴. 짧은 여행이라도 좋으니 여행을 하면서 살아보거라. 결코 잊지 못할 경험으로 너의 인생에 소중하게 자리 잡을 거란다.

지금부터 내가 겪은 이야기를 잘 들어보렴. 무슨 말을 하고 싶은지 바로 이해할 수 있을 거야.

그날은 아침부터 줄곧 눈이 내리고 있었어. 우리가 마지막 검문소에 도착했을 때는 지척을 분간할 수 없을 정도로 심한 폭설이 내렸지. 눈앞에는 안개와 휘몰아치는 눈보라에 휩싸인 브룩스 산맥이 거대하고 시커먼 벽처럼 떡 버티고 서 있었어.

검문소의 경비병이 말했어.

"저쪽은 눈이 엄청나게 오고 있어요. 아마 올 겨울 내내 통행금지를 시켜야 할 것 같아요."

나는 검문소 앞에 서서 안개 속에 파묻힌 좁은 자갈길을 바라보았어. 그 길을 지나가는 게 가능한지 판단이 서질 않더구나. 그 길은 페어뱅크와 프루드호 만 사이를 연결하는 알래스카 송유관을 건설하기 위해 급조한 길이라고 했어. 길이라기보다는 알래스카 황야를 가로지르는 가파른 산등성이 자갈길에 불과했지. 어떤 지점에는 임시변통으로 만든 하얀 십자가가 세워져 있었는데, 유조 트럭을 몰고 가던 운전사가 핸들 조작을 잘못해 벼랑 아래로 떨어져 죽은 지점이었어. 그때 우리는 브룩스레인지와 툰드라 지대로 접어드는 마지막 검문소인 디제스터 호수에서 있었단다. 브룩스 산맥의 험한 암벽 너머에는 240킬로미터쯤 더 가야 드문드문 서 있는 트레일러가 보였단다. 넓디넓은 데드호스와 프루드호 만을 둘러싼 건물은 손에 꼽을 정도로 인적이 드물었어.

우리는 막 자갈길을 지나 그곳에 도착한 유조 트럭 운전사에게 다가갔어. 그가 탄 트럭은 얼음으로 뒤덮여 있었지.

"이 길로 갈 수 있을까요?"

내가 물었단다.

"체인은 달았습니까?"

"아니오."

"내가 당신이라면 안 가겠소."

동료들에게 그의 말을 전했지만 그들은 들은 척도 않더구나.

"여기까지 왔는데 되돌아갈 수는 없어요."

나는 마지못해 차에 올라타 오르막길을 오르기 시작했단다.

하지만 자동차는 곧 미끄러졌고 뒷바퀴는 자꾸만 헛돌았어. 차가 이리저리 춤을 추듯 뒤뚱거렸지. 그래도 우리는 앞을 가늠할 수 없을 만큼 눈보라가 휘몰아치는 안개 속을 헤쳐나갔단다. 정말이지 한 치 앞도 보이지 않았고 좁은 길 오른쪽에는 가드레일도 없었어. 만약 반대편에서 눈보라를 뚫고 갑자기 트럭이 나타나거나 뒷바퀴가 미끄러지기라도 하면 꼼짝없이 절벽 아래로 추락할 상황이었지. 나는 잠깐 동안 이대로 사고가 나면 사람들은 우리의 시체도 찾아내지 못할 거라는 생각을 했지. 여섯 명의 추락사와 여섯 개의 하얀 십자가, 그걸로 끝일 거라고.

운전사는 기어를 넣고 두 개의 헤드라이트 불빛을 향해 돌진했어. 만약 시동이 꺼지기라도 하면 얼음으로 뒤덮인 자갈길 위에서 오도 가도 못하게 될 테니 멈출 수가 없었지. 길 폭이 극히 좁고 마찰력도 약해서 차가 멈추면 후진할 수도 없는 상황이었어. 또 바위산을 어슬렁거리는 불곰의 습격을 받을지도 모르고 말이다. 근방 350킬로미터 이내에는 사람도 없으니 길을 잃어도 구조를 요청하는 건 거의 불가능했지.

운전사는 몇 번이나 커브를 틀다가 미끄러지고는 간신히 자갈길로 다시 접어들었어. 그때마다 자갈이 바퀴에 밀려 시커먼 절벽 계곡 아래로 떨어지는 게 보이더구나. 모두가 입을 굳게 다물고 있어서 차 안은 아주 조용했단다. 저마다 자신의 심장 뛰는 소리를 들으며 자신도 모르게 팔걸이를 꼭 부여잡고 있었지. 나는 공포감에 부들부들 떨면서 이제는 죽는구나 하고 생각했단다. 아무래도 실수를 했다는, 터무니없는 만용을 부렸다는 자책이 자꾸만 들었어.

그런데 놀랍게도 어느 순간, 우리는 눈보라 폭풍 지대를 뚫고 나와 있었단다. 양쪽으로는 산들이 길게 늘어서 있었고, 내가 이제까지 본 것 중 가장 거대한 평원이 눈앞에 끝도 없이 펼쳐져 있었지. 천상의 세계에 온 것처럼 온 세상이 하얗게 보였단다. 뭐라 말로 표현할 수 없을 정도로 거대한 평원이었어. 지옥 같던 자갈길에서 벗어나 들어선 그곳은 그야말로 천국이었단다. 내 마음을 잔뜩 뒤덮고 있던 공포가 한순간에 환희로 뒤바뀌더구나. 거세게 불던 산바람도 잠잠해지고 나는 아득한 고요 속으로 들어서 있었어. 눈으로 뒤덮인 대양처럼 물결치는 땅과 보랏빛 황혼으로 물든 하늘을 바라보고 있노라니 온 세상의 시간이 정지된 것만 같았지. 오른쪽으로 이어진 산맥은 마치 수평선 위에 떠있는 왕관 같았지. 산 정상은 하얀 눈에 덮인 채로 하늘 속에 가려 있었는데, 그 광경이 어찌나 장엄하던지 현기증이 날 것만 같더구나. 눈앞에 보이는 구릉이 가까이 있는지 멀리 있는지조차 가늠할 수가 없을 정도로 아찔했어.

　나는 몸을 제대로 가눌 수조차 없었단다. 너무나도 막막한 고요함에 고막이 찢어질 것만 같았어. 광대한 눈앞의 풍경은 거대한 바위도 조그만 조약돌처럼 보이게 했어. 보라색 구름들은 북쪽 하늘에 산처럼 느리게 떠다니고 있었고. 땅과 하늘의 경계가 어딘지 분간할 수조차 없었단다. 그 거대한 꿈의 세계는 이전의 내 상상력이 도저히 미치지 못할 경지의 차원이었어. 나는 이 모든 광경을 한눈에 다 넣고 싶어 제자리에 가만히 서서 눈을 크게 떴단다. 그러나 내 작은 눈에 그 거대한 광경을 모두 집어넣기란 역부족이었어. 아름다운 풍경을 보고 싶어 떠난 여행이었지만 정말이지 기대 이상이었지. 눈으로 보는 게 아니라 그 광경 속으로 녹아 들어간 기분이었어.

　나는 그때 표현할 수 없는 무아지경에 빠져 있었단다. 그 전에는 미처 몰랐던 새로운 진실들이 거대한 바람처럼 나를 향해 휘몰아쳤어. 생전 처음 보는 색깔과 생전 처음 느껴보는 공간이 내 몸을 실어 내 영혼 어딘가 미지의 영역으로 데려간 거야. 방향감

각마저 잃은 나는 과거의 내가 허물어지고 더 새롭고 더 큰 자아로서 그 자리에 서 있음을 느낄 수 있었어. 다시는 과거의 나로 돌아갈 수 없으리라는 생각이 들더구나.

바로 이것이 여행의 경험이 안겨주는 신비란다. 집을 떠날 때 네 안에는 이미 어느 정도의 지식과 의식이 담겨 있겠지. 하지만 여행을 하다 보면 전혀 새로운 세상이 낯설고도 소중한 모습으로 네 안에 다가와 네가 가진 기존의 지식과 정체 의식을 뒤흔들기 시작할 거야. 이전의 상상을 깨부수는 사람들과 자연 경관을 접하면서 그전엔 인생의 전부인 것처럼 크게 느껴졌던 네 세계는 점점 작아지고, 결국 그 세계는 하나의 점에 불과했음을 깨닫게 된단다. 그리고 여행에서 돌아올 때쯤 너는 과거의 너와 다른 사람이 되어 있겠지.

이런 경험을 맛보고 싶다면 일상의 세계에서 벗어나 미지의 세계에 너 자신을 온전히 내던져보렴. 그렇다고 아주 머나먼 북극까지 갈 필요는 없어. 가까운 숲 속을 한가로이 거닐거나 번잡한 거리를 어슬렁거리는 것도 미지의 세계를 향한 여행이 될 수 있단다. 중요한 건 장소가 아니라 익숙함이 주는 편안함을 뿌리치고 자신과 완전히 동떨어진 세상을 받아들이는 마음가짐이야.

여행을 하다 보면 서서히 익숙한 것에 대한 기억과 집착이 잠들고 새로운 경험의 세계로 빨려 들어가는 너를 볼 수 있을 거야. 머릿속의 상념과 관심사가 바뀌고 처음 만난 사람들과 그들과 함께 겪는 일에 정이 들기 시작하면서 그 세상에 마음을 빼앗기게 되지. 그러면 잠시나마 일상의 근심에서 자유로워질 수 있어.

하지만 많은 사람들이 이러한 여행의 진정한 의미를 알지 못하고, 자신의 정신적 보금자리에서 한 치도 벗어나지 않은 채 그저 외지 사람들의 생활을 훑고 지나가는 관광을 여행이라고 착각하더구나. 어디를 가든 자신이 갖고 있던 기존의 세계를 그대로 간직한 채 새로운 장소에 그 세계를 옮겨놓으려고 하지. 그들은 기존에 갖고 있던 관념을 버리려고도 하지 않고 지금까지의 경험이 얼마나 보잘것없고 협소한지 알려고도 하지 않는단다. 때문에 호텔만 전전하고 현금과 신용카드를 방패삼아 낯선 곳을 돌아다니지. 이렇게 해서는 고난과 역경을 몸으로 직접 부딪히며 경험하는 새로운 세상과 결코 만날 수 없단다.

진정한 여행을 위해선 새로운 세상과 만나는 순간마다 기존에 갖고 있던 모든 규칙을 내던지고 자기만의 세상에서 새로운 자아를 끄집어내야 해. 그곳이 네가 떠나온 세계와 다르고 혹 불편

할지라도 그곳 사람들의 생활과 장소를 존중해야 한단다. 그러기 위해선 무엇을 하든 그들과 함께하는 것이 중요해. 그들이 앉는 식탁에도 앉아보고 그들이 걷는 거리에도 나가보거라. 그들의 언어를 이해하려고 노력해보고, 그들에게 네가 살아온 삶에 대해 얘기해주고, 너도 그들의 얘기에 귀를 기울여보는 거야. 그들이 어떻게 서로를 사랑하고 또 어떻게 싸우는지, 세상에서 무엇을 귀하게 여기고 무엇을 두려워하는지, 그 모든 것을 가까이에서 살펴보렴. 그들이 사는 공간을 온몸으로 느껴보는 거야.

그렇게 너 자신을 그들의 일상에 내던져보렴. 그럼 그 세계에서 살아간다는 것이 어떤 것인지 어렴풋이나마 느낄 수 있을 거야. 비판하거나 평가하기보다 감싸 안는 자세로 그렇게 한다면 그들의 삶과 그 세상에 배어 있는 아름다움이 너의 일부가 될 거란다.

여행을 많이 할수록 사람은 점점 더 성숙해지는 법이야. 여행을 하다 보면 이 세상의 살림살이가 굉장히 다양하다는 것을, 문화와 언어의 차이는 있어도 세상 사람 누구든 사랑하고 사랑받는 같은 경험을 한다는 것을, 또 누구나 슬픔보다는 기쁨이 넘치는 삶을 지향한다는 사실을 알 수 있단다.

하지만 여행이 우리가 막연히 생각하는 것처럼 그렇게 낭만적이고 색다르기만 한 것은 아니야. 과거의 익숙한 일상생활이 그리워질 때도 있고 문득문득 낯선 곳에 혼자 떨어져 있다는 불안감에 휩싸이기도 하지. 마치 존재의 뿌리가 뽑힌 것 같은 공허함에 잠길 수도 있을 거야. 혼자 하는 여행이라면 그 느낌이 더 클 수도 있단다. 가족과 연인의 따스한 품이 그립다 못해 마음이 아리고, 지독한 외로움이 끝 모를 심연 속으로 마음을 잡아당기기도 하지.

그보다 더 위험한 일도 있어. 여행지에서 잠이 깼을 때 문득, '혹 내가 여행을 핑계 대고 일상의 어려움에서 도피한 게 아닌가' 라는 자책감이 드는 순간이지. 일단 이런 생각이 들면 여행하는 데 보낸 한 시간, 하루, 한 달이 너무 길게 느껴지고 자신이 더 이상 어느 곳에서도, 누구에게도 환영받지 못할 거라는 느낌이 들 거야. 아니면 계속해서 길을 떠나야 한다는 유혹에 이끌려, 자신에게 어디에도 정착하지 못하는 방랑벽이 있다는 것을 깨닫게 되기도 한단다. 하지만 아들아, 자잘한 일상에 꿈이 묻혀버려 더 이상 지평선 너머에 무엇이 있는지 관심조차 갖지 못하는 건조한 삶보다는 차라리 이편이 낫지 않겠니?

가끔은 일상의 굴레에서 벗어나 모든 것을 훌훌 털어버리고 여행을 떠나보거라. 어려움이 따른다 해도 그 모든 어려움을 감수할 가치가 충분한 경험이니까. 고대 유적지에 서 있는 기분과 텅 빈 공간에서 들을 수 있는 고요의 외침을 여행을 떠나지 않고 어떻게 경험해볼 수 있겠니. 말도 통하지 않는 사람의 눈을 들여다보며 둘 사이에 공통점이 있음을 깨닫는 경험을 여행이 아닌 그 무엇에서 얻을 수 있겠니. 부디 여행을 통해 온 세상의 소중함을 느끼고 모든 사람과 모든 장소에 독특한 아름다움이 있다는 것을 깨달으렴. 그리하여 생의 한순간 찾아온 불행이나 감당이 안 되는 변화 속에서, 삶의 방식이 단 한 종류만 있는 것은 아니며 과거에서 벗어나 새로운 삶과 맞닥뜨리는 것도 좋은 일이라는 것을 상기하는 사람이 되거라.

여행을 하다 보면 내가 말한 것 외의 수많은 교훈이 네 가슴에 깊이 각인될 거야. 언젠가는 두려움이 모험심으로 바뀌고 외로움이 환희로 승화되는 인생의 순간을 경험할 수 있을 테지. 어쩌면 마음속으로는 어디론가 달려가고 싶지만 현실적인 제약 때문에 어쩔 수 없이 제자리에 머물러야 할 때도 있을 거야. 그 자리가 위태로운 벼랑 끝일 수도 있겠지. 하지만 걱정하지 말거라.

그 순간이 지나면 훗날 찾아올 또 다른 벼랑 끝에서 어떻게 대처할지 알 수 있을 테니 말이다. 그와 같은 교훈과 추억은 늘 너와 함께하며 평생 동안 위안을 주고 지침이 되어줄 거야.

 나는 지금 언제라도 북 알래스카의 드넓은 대평원으로 달려갈 수도 있고, 이탈리아의 대리석 석공들과 함께 햇살 같은 맛이 나는 미지근한 와인을 마실 수도 있단다. 또 보라색 벨벳 유모차를 끄는 여인네들이 브루클린 거리에서 수다를 떠는 모습을 볼 수도 있고, 9월의 밤 몬태나 사막에서 벼락이 땅으로부터 치솟아 오르는 광경도 생생하게 볼 수 있지. 그러나 그 무엇보다 내가 소중히 여기는 순간은, 낯선 사람들의 눈에서 다른 세계를 들여다보는 순간이란다. 그들을 보며 나는 깨달았어. 내게는 아무리 발버둥 쳐도 벗어날 수 없는 운명적인 부분이 있지만, 내가 선택한 것에 불과한 부분도 있다는 것을. 또 아무 생각 없이 먹었던 한 끼의 밥이 얼마나 큰 축복이며, 그러한 축복을 얼마나 많이 누리고 살았는지를 알 수 있었지.

 언젠가 나이가 들고 몸이 말을 듣지 않아 거동조차 불편한 순간이 와도, 나는 추억을 되새기며 매일 매일 여행을 다닐 수 있단다. 추억은 내 몸을 허공으로 붕 띄워 올려 낯선 산 혹은 드넓은 바다로 데려다놓겠지. 그렇게 나는 지나온 추억들을 되새기면서 다시 생명력을 얻을 거야. 햇살을 받아 반짝이는 모습을 볼 수도 있을 테지. 그렇게 내 마음은 아주 풍요로워지고 평화로워질 거야.

아들아, 너도 가슴속에 그러한 평화를 쌓아놓으렴. 어느 날 문득 지나온 세월을 뒤돌아보면서 '대체 난 뭘 하며 산 걸까?' 하고 지난 삶을 후회하는, 공허함 가득한 슬픈 노년은 맞지 않기를 바란다. 미지의 세계에 몸을 내던지지 않으면 우리의 감각은 무뎌지고 말아. 세상과 자신이 아주 초라하게 느껴지고 희열을 느낄 수 있는 감각도 사라져버린단다. 그렇게 되면 더 이상 그의 눈은 지평선을 바라보지도 못하고 그의 귀는 자연의 소리를 들을 수 없게 되지. 모든 것에 무뎌져서 그저 단조롭고 한정된 일상에 묻혀 무의미한 세월을 보내게 된단다. 그러다 어느 날 문득 잠에서 깨어나, 자신이 이미 오래전에 꿈을 잃어버리고 살아왔음을 깨닫게 될 거야.

미지의 세계에 대한 두려움과 안락함에 대한 유혹은 여행의 즐거움과 그것이 안겨주는 놀라운 선물을 빼앗아가는 법이야. 여행의 기회가 오면 절대로 놓치지 말거라. 결코 후회하는 일은 없을 테니 말이다. 얼음같이 차가운 비를 맞으며 텅 빈 거리에 홀로 서 있거나 열병에 걸려 허름한 여인숙 침대에 누워 있을 때는 '내가 이런 고생까지 사서 할 필요가 있을까' 하는 생각이 들기도 하겠지만, 고통은 순식간에 밀려오고 또 순식간에 사라져 버린단다. 그 순간만 버텨낸다면 너는 더욱 강해지고, 더욱 풍요로워지고, 영혼은 더욱 맑아질 거야. 그렇게 너는 어제보다 더 행복한 사람, 훌륭한 사람이 되는 거야. 그럼 그간 겪었던 위험과 고난이 여행을 통해 얻은 지식과 지혜에 비하면 아무것도 아니라는 것을 알 수 있겠지.

언젠가 나는 여행을 앞두고 일기장에 이런 글을 써놓았단다.

"따뜻한 신발과 포근한 베개와 잘 마른 옷을 주소서."

이건 여행자가 얻는 최고의 축복이지. 이것만 있으면 우린 언제든 별들의 세계로 꿈의 여행을 떠날 수 있어.

뜻밖의 순간에 대하여
About an Unexpected Moment

　25살에 나는 중세 때부터 대학이 있었던 마을에 잠시 살았었단다. 독일의 마르부르크라는 도시였어. 그 시절 나는 무일푼에다 매일같이 외로움에 허덕였고, 병까지 걸려 있었단다. 가족과 멀리 떨어져서는 친구 하나 없이 두려움에 떠는 날들의 연속이었지. 낮에는 고미술품 복원 상점에서 일했고 밤에는 거리를 어슬렁거리며 텅 빈 눈으로 행인들을 쳐다보면서 시간을 보내곤 했단다. 가게 주인은 뭐가 그리 슬픈지 항상 술에 절어 살았어. 거리를 나가봤자 말도 통하지 않았고, 내게 관심을 보여주는 사람 하나 없었지. 살면서 그렇게 지독한 외로움을 느껴본 적이 없었단다.

그때 내가 일하던 가게 주인의 어머니는 아주 현명한 분이셨어. 그 할머니는 열두 살 때 나치 독일군이 갑자기 교실에 난입해 유태계 아이들을 끌고 나가는 것을 보았다고 하더구나. 그런데 그 사건에 대해 어떤 반응을 보인 사람은 아무도 없었다고 해. 마치 아무 일도 없었던 것처럼 수업이 계속되었다는 거야. 그 후로도 계속해서 반 친구들이 하나 둘 사라졌지만, 할머니로서는 안타까운 마음으로 바라보고 있을 수밖에 없었지. 그렇게 그 할머니는 그 모든 사건의 목격자이자 생존자가 된 거야.

나중에야 안 사실이지만, 할머니는 몇 달 동안이나 내가 마음 속의 고통을 겪는 걸 가만히 지켜보고 있었단다. 내가 이웃집 아이들과 동네에 있는 성 앞에 앉아 만화를 그리고 있는 것도 보았고, 할머니가 곁에 있는 것도 모른 채 멍하니 먼 곳을 쳐다보고 있는 것도 보았던 모양이야.

어느 날 할머니가 나를 불렀어.

"오래전부터 쭉 자네를 지켜보았네. 자네의 외로운 눈도 보았고 공허한 마음도 보았지. 내가 보기에 자넨 사는 게 너무 힘들어서, 당장 닥친 힘든 일은 외면하고 막연히 미래만을 바라보려는 사람 같아. 아니면 과거의 행복했던 시절만 떠올리는 것 같기도 하고. 그렇게 생각하는 사람들에게 지금의 시간은 적밖에 안 돼. 어떻게든 현실에서 탈출하고 싶어 하기만 하지. 그렇게 지금의 소중한 시간을 죽이는 거야. 그들은 미래나 과거만을 위해 존재해. 그렇게 생각하면 안 되는 거라네."

가만히 듣고만 있는 나를 보며 할머니는 말씀을 이어가셨어.

"내겐 아주 단순한 규칙이 하나 있다네. 항상 '뜻밖의 순간'을 찾는다는 거지."

그러고는 내 옆에 앉더구나.

"뜻밖의 순간이란 언제 어디서든 일어날 수 있다네. 그 순간이 언젠지 궁금한가? 바로 내가 세상을 향해 아주 적극적으로 맞서는 순간이야. 그것은 사랑을 할 때일 수도 있고 공포에 떠는 순간일 수도 있지. 그런데 그 순간이 뜻밖의 순간이었다는 건 아주 나중에야, 시간이 한참 흘러서야 알 수 있어. 기억 속에서 말이야. 내가 어릴 적에 만난 시절의 친구들은 이제 다 죽고 없지만, 우리가 서로의 눈을 들여다보던 뜻밖의 순간은 아직도 내 가슴 속에 남아 있지."

나는 몸을 돌려 할머니의 얼굴을 뚫어져라 바라보았단다. 온

통 주름살 투성이었지만 아주 온화한 얼굴이었어.

"내 말 잘 듣게. 지금 이 순간은 우리의 가슴속에 영원히 남을 뜻밖의 순간이라네. 우린 절대로 이 순간을 잊을 수 없을 거야. 이 순간 우리 둘은 세상 어떤 사람들보다 가깝지. 이 순간을 꼭 잡고 놓치지 말게나. 거기에서 등을 돌리지 말고 고이 간직하게. 이 순간은 곧 지나가버리고 우린 예전의 우리로 다시 돌아가겠지만 이 순간은 분명 특별한 순간이야. 자네가 겪는 모든 순간은 실에 꿰어놓은 진주처럼 자네 인생을 아름답게 만들어줄 거라네. 그 순간을 발견하느냐 못하느냐는 오로지 자네 몫이지. 그 순간들을 만드는 것도, 다른 사람들에게 그 순간을 생생하게 되살려주는 것도 자네 몫이라네."

할머니는 잠시 말씀을 멈추시고는 내 머리카락을 부드럽게 어루만지다가, 가만히 옆머리를 쓰다듬어주셨단다.

"항상 뜻밖의 순간을 찾으려고 노력해보게나."

그러더니 다시 하던 일을 계속하셨지.

몇 년이 지난 지금, 나의 소중한 친구였던 그 할머니는 암으로 돌아가시고 이 세상에 안 계신단다. 그 후로도 할머니의 그 말씀은 잊지 않더구나. 그 말씀을 듣고 나서부터 나는 더 이상 순간순간의 즐거움이나 고통으로 삶을 평가하지 않게 되었단다. 대신 내 마음과 영혼을 채워줄 순간순간에 나 자신을 온전히 몰입시킬 수 있었지.

나는 이제 깨달았어. 나 자신의 욕구와 기대를 던져버리면 할머니가 말씀하신 바로 그 뜻밖의 순간이 찾아온다는 것을. 마음에 상처를 입었을 때, 창문 너머 지저귀는 새소리를 들으며 한가로이 커피를 마시고 있을 때, 처음 보는 사람과 대화를 나눌 때 나는 그 순간을 맛보았지. 그 순간들은 예고도 없이 불쑥 찾아와 내 마음속에, 내 영혼에 영원히 살아남을 온기와 진실을 가득 채워주었어. 그 순간들은 바로 영혼의 선물이었어.

아들아, 바로 이러한 순간을 불러들이는 법을 배우도록 하거라. 그 순간들은 값비싼 진주와 같아. 억지로 찾아낼 수도 없고 만들어낼 수도 없지. 단지 마음을 고요하게 유지하고 지금 이 순간에 너 자신을 철저히 몰입시켜야만 불러낼 수 있단다. 하지만 그것이 너를 얼마나 행복하게 해주고 이롭게 했는지 판단하거나 측정하려 든다면 그 순간들은 이내 사라질 거야. 그럼 너의 자아는 좁은 의식이 만들어내는 기대감과 자각에 의해 일정한 틀 속에 갇히게 된단다. 우주의 풍요로움에 너 자신을 온전히 내던질 때에만 자아는 스스로 고양되고 변모되는 거야. 그리고 바로 그 순간 네 인생에서 가장 특별한 시간이 찾아온단다.

너도 내가 만난 그 할머니가 말씀하신 대로 한번 해보렴. 집에서 멀리 떨어져 있어 외로울 때, 사랑하는 사람의 얼굴을 만져보고 싶을 때 뜻밖의 순간을 찾아보는 거야. 길을 가다가 풀린 눈으로 횡설수설하는 미친 사람과 마주쳤을 때도 찾아보려무나. 뜻밖의 순간은 늘 너를 기다리며 네 곁에 있단다.

나는 참선에 대해 잘 모르지만, 선의 경지라는 게 바로 그런 게 아닐까? 자신이 존재하고 있는 그 순간이 주는 아름다움과 충만함에 자신을 완전히 담그는 사람들, 남들이 자신을 어떻게 대하고 행복과 이익을 얼마나 주었는지에 따라 인생을 평가하지 않는 사람들에게 우주가 안겨주는 선물 말이야.

나에게는 그 할머니를 만난 순간이 바로 그러한 깨달음의 순간이었던 것 같구나. 그분은 내가 바라보는 세상을 환히 밝혀, 나 스스로 삶의 이치를 깨달을 방법을 가르쳐주셨지.

'매 순간 뜻밖의 순간을 찾아라.'

내가 너에게 이 진리를 전할 수 있다는 것이 얼마나 큰 기쁨인지 모르겠구나.

열린 마음에 대하여 *About an Open Mind*

사람들은 저마다 이 세상에서의 자기 위치를 가늠하기 위해 안달하는 것 같구나. 젊은 사람이나 노인이나 할 것 없이 말이다. 특히 젊은 여성들은 다른 사람을 위해 자기 것을 버리고 상대방에게 맞춰 살다가 결국에는 자기 삶의 주인이 자기가 아니라는 생각에 혼란스러워하지. 또 젊은 남자들은 자신의 업적을 과시하고 자신이 완벽한 존재라는 것을 드러내기 위해, 혹은 남에게 깊은 인상을 주기 위해 필사적으로 애를 쓴단다. 자신의 존재가 남보다 다르다는 것을 증명하려 들고 자신과 다르거나 약하다고 생각하는 사람을 깎아내리기도 하면서 말이야. 이들 모두의 내면에는 공통적인 두려움이 자리하고 있단다. 다른 사람이 자신의 불완전한 본모습을 눈치 챌까 봐 불안해하는 거야.

 나도 젊었을 땐 그러한 불안감에 싸여 있었단다. 다른 사람이 나를 어떻게 평가하느냐가 두려워 무슨 행동을 할 때마다 망설이기도 했지. 남들에게 내 모든 생각과 행동이 옳게 판단되기를 바라며 애처로울 정도로 스스로를 몰아칠 때도 있었어. 그 시절 나에게 가장 중요한 존재는 바로 나 자신이었단다. 그렇기 때문에 남들을 무시하기도 하고 나를 치켜세우려고 남의 약점을 신랄하게 비판하기도 했어. 그런 내 행동이 옳지 않다고 생각할 때도 있었지만 또 반대로 생각할 때도 있었지. 제멋대로 합리화하면서 말이야.

 그러던 어느 날 크레이그라는 친구에게 그런 나의 모순을 지적받았단다. 그 친구는 어떤 공간에 가든 그 장소에 에너지와 생명력이 넘치게 만드는 친구였지. 어떤 상황에서든 마음을 다해 상대방의 얘기에 귀를 기울여주었고, 그 모습은 상대방으로 하여금 자신이 아주 중요하고 소중한 존재라고 느끼게 만들었단다. 그러니 누군들 그와 함께 있는 것을 좋아하지 않았겠니.

 그 친구와 나는 함께 대학원에 진학했어. 우리는 공통점이 많았지. 둘 다 여자 문제로 고민이 많았고 호기심도 많았어. 우린 둘 다 자신의 결점을 너무나 잘 알고 있었단다. 다만 다른 것은 그는 낙천적이고 나는 비관적이란 거였어. 우리는 서로에게 거울 같은 존재였지.

햇살이 눈부신 어느 가을날, 크레이그와 나는 연구실에서 석사 학위 논문을 준비하고 있었어. 도중에 간간이 잡담도 하다가 문득 창 밖을 내다보았는데, 지도교수님이 주차장으로 가시는 게 보이더구나. 종강하던 날 이후 처음 뵌 거였어. 그날 그 교수님이 내게 어떤 말씀을 하셨는데, 그 말이 불쾌했던 내가 함부로 대드는 바람에 서로 좋지 않은 기분으로 헤어졌었지.

"제기랄, 저 인간 쳐다보기도 싫어."

나는 아무 생각 없이 그 교수님에게서 눈을 떼며 말했단다. 내 말에 크레이그가 눈을 동그랗게 뜨고는 묻더구나.

"왜?"

"지난번에 대판 싸우고 헤어졌단 말야. 저 사람 정말 싫어. 저 할아버지도 날 싫어하고."

크레이그는 창문 쪽으로 다가가 지나가는 그 교수를 내려다보더니 이렇게 말했단다.

"아닌 것 같은데. 등을 돌린 건 너 아니니? 그리고 네가 저 교수님을 싫어하는 것도 네가 무서워서 그런 거 아닐까? 저 교수도 아마 네가 자기를 싫어한다고 생각하니까 너에게 따뜻하게 대해주지 않은 걸 거야. 사람들은 자기를 좋아하는 사람을 좋아하는 법이니까. 아마 네가 관심을 보이면 사람들도 너에게 관심을 가져줄 거야. 내려가서 교수님께 말을 걸어봐, 어서."

크레이그의 그 말이 왠지 가슴에 와 닿더구나. 나는 주차장으로 이어진 층계를 머뭇머뭇 내려갔단다. 그러고는 애써 미소를 지으며 힘겹게 인사를 건넸어. 여름 방학 동안 안녕하셨느냐고. 교수님은 깜짝 놀란 얼굴로 날 바라보더구나. 그러더니 내 어깨에 팔을 두르셨단다. 교수님과 나는 함께 걸으며 이런저런 얘기를 나누었지. 그때 흘깃 위를 올려다보니 크레이그가 미소를 지으며 내려다보고 있었어.

너무나 간단한 진실을 나는 몰랐던 거야. 그 시절 나는 사람들에게 다가갈 때마다 그들이 나를 평가할지도 모른다는 두려움을 갖고 있었어. 하지만 사실 그들도 나와 똑같은 생각을 가지고 있었지. 우리는 모두 남들에게 평가받을지도 모른다는 두려움을 갖고 있어. 그리고 바로 이런 생각 때문에 상대방과의 사이에 거리가 생긴단다. 진심으로 상대를 좋아한다는 간단한 제스처만 표현해도 그 거리는 금세 메워질 수 있는데 말이야.

'사람들은 자기를 좋아하는 사람을 좋아한다.'

너무도 간단한 이 진실 덕분에 나는 새로운 눈으로 세상을 보게 되었단다. 사람들의 눈 속에는 사실 남을 평가하려는 의도가 없다는 것을 알게 되었지. 그 안에는 욕구만이 있을 뿐이야. 그저 남들에게 인정받고 자신에게 진심으로 대해주길 바라는 그런 욕구 말이다. 크레이그가 말해주기 전까지 나는 그걸 몰랐어. 내 행동을 평가하려는 사람들은 별로 없다는 것, 세상엔 자신의 생각을 함께 공유할 기회를 기다리고 있는 사람이 훨씬 많다는 것을 말이야.

크레이그는 그 사실을 누구보다 잘 알고 있었기에, 햇살이 세상을 비추듯 자신의 모든 것을 남들에게 아낌없이 베풀 수 있었던 거야. 그리고 그의 햇살을 받은 사람들은 다시 그 따뜻함을 그에게 전해주고 말이다. 그들은 그와 함께하는 것 자체를 사랑하기에 저절로 그렇게 행동할 수 있었던 거고, 그런 점이 그를 특별한 존재로 만들었던 거야.

그날부터 내 인생관은 백팔십도 바뀌었단다. 그렇다고 단번에 나를 변화시킬 수는 없었어. 여전히 타인의 평가에 전전긍긍하기도 하고, 무례한 누군가가 내 열린 마음을 이용해 나를 비웃거나 형편없는 사람으로 만들면 곧바로 상처를 입기도 했단다. 하지만 꾸준히 모험을 시도하면서 차츰 깨달을 수 있었어. 내가 세상을 향해 넓은 품을 내보이면 세상도 그 넓은 품을 내 앞에 펼쳐 보인다는 사실을 말이야.

오로지 내 안의 문제에만 관심을 가졌다면 절대로 알 수 없었을 사람들의 세계를 나는 발견했지. 자동차 수리공, 은행 창구 직원, 정신병자, 도둑, 이 모든 사람들은 제각각 자신들의 이야기를 갖고 있단다. 부자나 가난한 자, 권력 있는 자, 외톨이들도 모두 나같이 꿈과 의문에 쌓여 있지. 살아오며 내가 만난 많은 사람들은 모두 자신들이 아는 이야기를 들려주었어. 농부는 트랙터 얘기를, 과학자는 원자 얘기를 들려주었지. 호주의 바닷가에서 자란 사람들의 얘기도 들었고, 하루 종일 상자 만드는 일을 하면 어떤 기분이 드는지도 알게 되었어.

언젠가는 이런 일도 있었단다. 캐나다 횡단 기차를 타고 있었는데, 술에 취한 사람처럼 발음이 분명치 않고 이리저리 비틀거리는 한 남자와 이야기를 나누게 되었어. 나중에 알고 보니 그는 이 노선의 엔지니어였는데, 중풍으로 쓰러졌다가 회복되어가는 중이었어. 남자와의 대화를 통해 나는 당시 타고 있던 노선 아래에 있는 철로의 역사를 알게 되었지. 인디언 사냥꾼들이 버리고 간 수천 마리의 버펄로 뼈에서 이름을 땄다는 파일 오본스 크릭, 230킬로그램이나 되는 철로를 혼자 거뜬히 들어 올린 스웨덴 출신의 인부 '빅 잭'의 전설, 기차를 운행할 때면 항상 토끼를 데리고 다녔다는 기차 운전기사 맥도널드…….

목적지에 도착해 헤어지면서 그는 내게 이런 말을 남겼어.

"다른 사람들은 나를 거들떠보지도 않는데, 이렇게 말을 걸어줘서 고마워요."

하지만 그가 나에게 고마워할 필요는 전혀 없었지. 오히려 내가 더 즐거웠으니까.

또 언젠가는 캘리포니아 오클랜드의 어느 소란스런 거리에서 한 가족이 나에게 길을 물은 적이 있었어. 그들은 호수가 많은 북서 해안 지방에서 온 사람들이었지. 나는 그들에게 관심을 가지며 그들의 고향에 대해 물어봤어. 그렇게 같이 커피를 마시면서 나는 그들에게 등이 자동차 보닛만큼 커다란 악어 얘기를 들을 수 있었지.

늙고 수염을 덥수룩하게 기른 한 떠돌이는 대공황기에 자신이 어떻게 식구들을 먹여 살렸는지 얘기해주었단다. 엽총을 연못에다 쏘면 물고기들이 기절해서 물 위에 뜨는데, 그걸 그냥 주워오면 된다는 것이었어. 또 어떤 교통경찰은 투우사와 교향악단 지휘자의 모습을 보고서 손동작을 배웠다고 말했지. 어떤 미용사는 양로원에 가서 노인들에게 새로운 헤어스타일로 머리를 해주고 그들이 기뻐하는 모습을 보면서 행복해한다고 하더구나.

아들아, 모든 만남은 멋진 모험이란다. 그리고 우리는 만나는 모든 사람에게서 인생의 교훈을 배울 수 있어. 누구든 독특한 얘깃거리를 가지고 있고, 상대방이 들어줄 의향만 있다면 그것을 풀어놓을 준비가 되어 있단다. 그들은 가만히 말할 기회를 기다리지. 인기가 많고 사회적인 성공을 거두고 매력적인 사람만 할 얘기가 있는 게 아니란다. 누가 봐도 못생긴 여자나 괴상한 옷을 입고 이상한 행동을 하는 남자에게도 할 얘기는 있어. 그건 너도 마찬가지 아니니? 네가 그러하듯 다른 사람들도 자기 얘기에 귀 기울여줄 사람을 기다리고 있어.

그러니 네가 먼저 손을 내밀거나 용기를 내어 다른 사람에게 호감을 표하면 네 주위를 둘러싸고 있던 높은 벽이 일순간에 무너져 내릴 거야. 네가 상대방에게 관심을 기울이면 그도 네게 눈을 돌리는 법이지. 외로움과 불안감에 빠진 사람도 자신의 얘기를 귀 기울여 들어주는 너를 소중히 여길 거야. 그러한 방법으로 그들을 빛나게 해준다면, 너는 남들 앞에서 네 업적을 과시하거나 자만심을 드러냈을 때보다 더욱 가치 있는 사람으로 존중받을 거야. 다른 사람들의 그늘에 가려 빛을 잃기는커녕 그들이 느끼는 행복감과 자기애의 빛을 받아 더욱 환해질 거야.

크레이그는 남들이 자신을 어떻게 생각하는지가 아니라 오로지 그들에게만 관심을 가졌기 때문에 사람들에게 활기를 불어넣어줄 수 있었단다. 그 친구는 남들이 자기를 좋아하는지, 그들이 사랑받을 가치가 있는지 따위는 전혀 생각지 않고 무작정 좋아하는 모험을 한 거야. 사람과 사람을 가르는 공간 속에 선의 감정을 불어넣은 것이지. 그와 같은 사람이 되려면 용기가 필요하단다. 간혹 타인의 관심과 손길에 익숙지 않은 사람은 네가 자기를 갖고 노는 게 아닌가 의심하면서 욕을 할지도 몰라. 너의 접근을 의심 어린 눈초리로 바라보면서 오히려 너를 이용하려 들지도 모르고. 하지만 남들이 어떤 말, 어떤 행동을 하든 괘념치 말거라. 그건 모두 두려움에서 나온 행동이지 너에 대한 평가에서 나온 게 아니야. 그러니 끊임없이 타인의 생활에 대해 애정

어린 관심을 기울여라. 남들이 어떤 비난을 퍼붓더라도 말이야. 다양한 사람을 만날수록 네 인생은 더욱 풍요로워지고 거기서 평화를 얻을 수 있단다.

　인간관계에서 모험심을 발휘하는 사람이 되렴. 그러기 위해서는 먼저 사람들을 사랑해야 한단다. 너에 대한 질문은 나중에 해도 늦지 않아. 네가 그들에게 관심을 베풀면, 그들이 보는 너의 세계가 몇 백 배로 되돌아올 거야. 그렇게 너를 향해 새로이 열리는 세상을, 네가 베푼 사랑이 몇 배로 반사되어 오는 눈부신 햇살을 느껴보려무나.

예술에 대하여 About Art

 1989년 12월 31일 밤, 텔레비전에서는 베를린 극장에서 있었던 레오너드 번슈타인 지휘의 베토벤 9번 교향곡 연주회가 재방송되고 있었어. 언젠가 그 연주회에 관한 기사를 읽은 기억이 나는구나. 그 콘서트는 베를린 장벽이 무너진 것을 기념하는 아주 특별한 콘서트였어. 동유럽 사람들은 기쁨에 겨워했지만 미국인들은 그만큼 기뻐하지 않았단다. 베를린의 대기는 자유의 공기와 흥분으로 꽉 차 있었지.
 구소련과 미국, 유럽 전 지역의 음악인들이 이 연주회에 참여했어. 합창단은 전 세계인들로 구성되었고, 지휘는 레오너드 번슈타인이라는 이름의 지휘자가 맡았단다. 그는 유태인이었어. 홀로코스트의 어두운 세월을 지나온 유태인이 나치 정부가 있었던 베를린, 법전을 상징하는 베를린에 서 있었던 거야. 과거의 상처를 치유하고 미래를 축복하기 위해 전 세계에서 모인 오케스트라와 합창단을 지휘하기 위해서 말이다.

하지만 무너져버린 베를린 장벽처럼 그도 서서히 죽어가고 있었단다. 음악의 기쁨과 음악의 열정에 평생을 바친 사람에게는 아주 뜻 깊은 고별 연주였을 거야. 오케스트라 멤버들의 얼굴, 합창단 아이들의 환한 미소, 관객 사이를 흐르는 조용하지만 격렬한 전류는 상상을 초월할 만큼 엄청난 광경이 벌어지리라는 것을 예고하는 듯했지.

굉장히 많은 의미가 이 연주회 속에 집약되어 있었어. 독일의 위대한 비전과 공포, 정치의 힘을 눌러버린 인간 정신의 환희에 찬 승리, 장엄한 모습의 베토벤, 자유를 부르짖는 힘찬 쉴러의 시, 집단 수용소에 대한 기억, 오랫동안 헤어져 있던 사람들의 만남……. 벽이 무너지고 오랫동안 억눌려 있던 인간의 감정이 거대하게 분출되어 전 세계로 퍼져나갔단다. 이 콘서트는 구시대가 새 시대에 자리를 물려주는 역사적인 순간이었지.

번슈타인이 지휘봉을 올리는 순간, 기쁨과 슬픔, 억눌렸던 힘과 장엄함이 음악의 선율을 타고 흘러나왔어. 6백만 사망자의 혼령과 수년간 망명을 떠날 수밖에 없었던 이들의 고통을 어루만지며 봇물 터지듯 터져 나왔지. 그렇게 모든 악기들이 하나의 소리로 노래를 했어. 높이 솟아올라 사방으로 울려 퍼진 그 음악은 순수한 감정 그 자체였단다.

그것을 바라보고 있자니 눈에서 눈물이 하염없이 흘러내리더구나. 울고 또 울었지. 아무리 참으려 해도 눈물이 그칠 줄을 몰랐어. 그 음악은 정말이지 커다란 힘으로 우리를 치유해주고 이전의 고통에서 해방시켜주었단다. 그것은 누군가의 고백이자 우리 모두가 받는 축복이었어. 그 순간 우리는 최고의 인류애를 지닌, 그저 우리 자체로서 존재했단다.

콘서트가 끝날 무렵, 나는 이미 변해 있었어. 삶에서 겪을 수 있는 가장 순수하고 아름다운 순간을 경험했으니까. 비록 텔레비전을 통해 본 것이지만, 예술만이 줄 수 있는 그 순수하고 아름다운 순간의 현장에 나는 함께할 수 있었던 것이야.

예술은 인간이 무에서 유를 창조해 신의 작품에 필적할 수 있는 장엄함과 미를 불어넣은 걸작품이란다. 그것이 예술의 힘이야. 예술은 음악과 극장, 그림, 건축, 조각을 통해 생명력을 갖지. 시나 소설로 표현되기도 하고. 내 인생의 질은 예술이 나를 변화시킨 순간들로 측정해볼 수 있을 거야. 미켈란젤로의 '피에타' 상 앞에 섰을 때, 딜런 토마스가 자작시를 낭송하는 것을 들었을 때, 처음으로 바흐의 첼로 모음곡을 들었을 때……. 그뿐만이 아니란다. 담배 연기가 자욱한 클럽 탁자에 앉아 머디 워터즈와 리틀 월터가 악기로 서로 대화를 나누는 것을 듣거나, 조그마한 일본 소녀가 청소년 심포니 콘서트에서 바이올린 소나타를 연주하는 것을 들을 때, 허드슨만 변두리에 있는 허름한 선물 가게에서 곰이 사람으로 바뀌는 에스키모 인의 조각품을 쳐다보며 서 있을 때도 나는 예술의 장대한 힘을 느낄 수 있었어.

그런 순간은 언제 어디서나 일어날 수 있단다. 반드시 큰 오페라 홀이나 전 세계적으로 유명한 예술가의 숨결을 느껴야만 알 수 있는 것은 아니야. 자신이 창조한 작품 자체가 되기 위해 창조 행위에 몰입하는 사람의 작품 앞에서 시간은 정지되고 우리의 마음은 활짝 열리지. 그 경험을 순수하게 받아들일 자세가 되어 있다면, 영혼이 높이 솟아오르고 상상력의 나래가 거침없이 펼쳐지는 경험을 할 수 있단다.

평범한 일상을 넘어선 삶을 영위하고자 한다면 의도적으로 그런 순간을 찾을 필요가 있어. 그리고 만일 네가 그런 순간들을 창조해낼 수 있다면, 가령 화가나 시인, 음악가 또는 배우로서 살고 있다면 그야말로 값진 보물을 갖고 있는 셈이야. 그렇지 않다면 다른 사람이 창조한 작품의 힘이 네 마음속에서 생명력을 가질 수 있도록 예술을 사랑하는 법을 배워야 한단다. 네가 만일 예술 작품을 사랑하고 거기에 몰입할 수 있다면 너에게 신비로운 생명을 불어넣어준 위대한 창조주의 메아리를 듣게 될 거야. 그리고 그것은 신에게 가장 가까이 다가가는 행복한 길이란다.

아버지가 되는 것에 대하여
About Being a Father

 사람은 누구나 완벽한 사랑을 꿈꾸고 완벽한 사람이 되려고 노력하지. 하지만 인생에서 완벽한 것은 거의 없단다. 그렇기에 완벽해지기 위해 발버둥을 치는 사람들은 감당할 수 없는 실망감에 휩싸이지. 채워질 줄 모르는 이기심과 욕망에 휩싸여 어느 것에도 만족하지 못하는 상황에 이르기도 해. 한데 완벽해지는 방법이 딱 하나 있단다. 바로 아버지가 되는 거야.

 누구나 자기 자식을 완벽하게, 무한히 사랑한단다. 그건 아주 당연하고 자연스러운 현상이야. 아이는 그러한 아버지의 완전한 사랑을 받으며, 전적으로 부모에게 의지하면서 태어나지. 아이는 무의식적으로 자신을 부모에게 내맡긴단다. 아무런 조건도, 동기도 없이 자의식이 결핍된 상태로 자신을 부모에게 선물해. 그와 같은 아이의 완전한 사랑은 부모의 완전한 사랑을 불러내지. 네 아이가 뼈와 살을 가진 인간으로 탄생하는 그 빛나는 순간, 너는 네게 주어진 그 놀라운 생명체를 바라보면서 아이와 하나가 되는 순간을 경험할 수 있을 거야.

옛날에 나는 아버지가 되고 싶어 하지 않았단다. 아이는 그저 짐만 될 거라고 생각했지. 아이가 태어난 뒤 내게 지워질 무겁고 버거운 책임감에 대해서만 생각했기 때문이야. 하지만 막상 아버지가 되어보니 세상이 전혀 새롭게 다가오더구나. 아이 때문에 내가 제약을 받는다는 느낌을 받은 적도, 책임감이 부담스럽게 느껴진 적도 없었단다.

아버지가 된 다음에야 나는 비로소 내 부모님을 이해할 수 있었어. 그분들이 아낌없이 베푸신 사랑을 깨닫고 더욱 존경하게 되었지. 내 아들이 이렇게 내게 주어진 것에 감사할 수도 있었단다. 중국인들이 왜 그토록 '효'를 강조하는지도 비로소 이해하게 되었어. 이기심과 욕망이 제거된 새로운 형태의 사랑을 그제야 알게 된 거야.

아이에게 사로잡히면서 나는 진정한 자유를 맛볼 수 있었어. 그 강렬한 경험을 뭐라고 설명해야 좋을지 모르겠구나. 그것은 인간이 누릴 수 있는 가장 큰 희열 중의 하나란다. 언젠가 너도 그것을 경험하게 된다면, 진정한 인간의 대열에 들어설 수 있을 거야.

그렇다고 일단 자식만 낳으면 노력하지 않아도 저절로 좋은 아버지가 된다는 뜻은 아니야. 결혼과 마찬가지로 진정한 아버지가 되기 위해서는 끊임없는 노력이 뒤따른단다. 너의 한계와 이기심에서 벗어나려는 노력 말이야. 자식은 너무나 완벽한 선물이고, 때문에 누구나 그에 보답하기 위해 완벽한 아버지가 되고 싶어 하지. 또한 마음은 본능적으로 그 완벽함의 방식을 알아챈단다. 그러한 완벽함의 기준을 삼아 노력하면 삶의 수준이 훨씬 높아질 수 있어.

너 또한 그런 노력을 모른 체하지 않기를 바란다. 네가 아버지가 되면 너는 자연히 네 삶의 모습과 좋은 아버지상에 대해 네가 정한 표준을 여기저기에 견주어보게 될 거야. 그런데 인생을 제대로 살아오지 못했다는 느낌이 든다면, 즉 결혼 생활이 원만치 않거나 인생을 갉아먹는 나쁜 버릇을 고치지 못하고 있거나 아버지로서의 자질을 익히지 못한다는 판단이 들면 마음속에 언제까지고 남은 수치심 때문에 진정한 아버지가 되기가 힘겨워진단다. 술에 의존하거나 다른 여자에게 도망을 치더라도 네가 실패했다는 냉엄한 진실은 영원토록 마음에서 지워지지 않을 거야.

그러므로 아버지가 된다는 것을 선물로 생각하거라. 그 선물은 누구나 받을 수 있고 아무런 대가 없이 그냥 주어지는 기적과 같은 거란다. 건강하든 병약하든, 예쁘든 못생겼든 세상의 모든 아이는 세상에 새로운 빛을 던져주지. 그 빛을 얻는 것보다 크고 값진 경험은 없을 거야. 부디 그 경험의 소중함을 알고, 네 아이의 완벽한 사랑에 완벽한 사랑으로써 보답하거라.

노년의 짐에 대하여
About a Burden in Senescence

 노인을 대하는 태도를 보면 그 사람의 마음을 알 수 있는 법이란다. 노인은 때로 어린아이들이나 무거운 짐같이 느껴지지. 희망이나 즐거움을 주기보다 부담스럽고 귀찮은 존재로 느껴질 때도 있어. 게다가 곧 죽음을 맞이할 수밖에 없는 인간의 한계를 보여주지. 하지만 현명한 사람은 그런 면모보다 그들에게서 얻을 수 있는 지혜를 들여다본단다. 나는 네가 넓은 마음으로 노인이 우리에게 전해준 생명에 대해 감사하고 성의를 표하는 젊은이였으면 좋겠구나.

 우리 사회에서 그러기란 쉬운 일이 아니지. 사회는 노인에 대해 거의 배려하지 않고 있으니까. 현대사회에서 노인은 그저 '은퇴한 사람', '늙은 시민'처럼 듣기 거북한 단어로 불리는 힘없는 존재일 뿐이잖니. 그런 시선이 불편한 노인들은 이유 모를 죄책감을 느끼고, 젊은이들에게 부담을 줄까 봐 그들과 눈이 마주치는 것조차 피하기도 하지. 또 젊은 세대들은 점점 노인을 자신과 전혀 무관한 사람들로 간주하고 사랑할 생각도, 존경할 생각도 없이 살아가는구나. 기나긴 세월을 걸어오며 그들이 터득한 지혜를 무시하고 말이야.

너 또한 노인에 대해 두 가지 마음을 갖고 있을 거야. 나이와 상관없이 여느 젊은이와 다름없는 사고방식으로 살아가는 노인들에게서 매력을 발견하기도 하지만, 주름살과 검버섯이 많은, 죽음을 목전에 둔 노인을 볼 땐 일종의 두려움을 느끼기도 할 거야. 노인을 보고 어떤 느낌이 들든 간에, 너는 노인을 세심하게 보살펴야 한단다. 그들에게도 너처럼 젊은 시절이 있었고, 너도 시간이 지나면 그들처럼 늙을 테니까 말이야. 바로 이 순간에도 네 몸속에는 나이를 먹게 하는 씨앗이 들어 있단다. 그런 너를 볼 때마다 노인은 젊은 시절의 자기 모습을 떠올리게 될 거야.

우리 주위에는 인생의 황혼을 즐기지 못하는 노인들이 너무나 많구나. 간혹 젊은이처럼 근심 걱정이 가득한 노인들은 너에게 부담스러운 요구를 하기도 할 거야. 자신에게 신경을 써달라고, 당신의 감정에 대해 생각해달라고 말이야. 너에 대해서는 아무런 배려도 하지 않은 채 말이지. 그런 노인들을 만나더라도 나쁘게 생각지는 말거라. 노인이 되면 어린아이처럼 자신이 세상에서 아무 소용이 없는 존재가 된 것 같다는 두려움 때문에 세상에 의지하고 싶어지게 마련이란다. 또 언제 갑자기 죽을지 모른다는 불안감을 항상 가슴에 품고 살아가지. 또한 열심히 몸 바쳐 일구어놓은 자신들의 터전이 새로운 세대의 세상에 가려지는 것을 슬퍼하기도 한단다. 몸은 한없이 쇠약해진 상태이고 말이야. 젊은 세대와는 갈수록 단절되고 노인들에게만 둘러싸인 그들은 추억 속에서만 살아간단다.

그런 슬픔에 휩싸인 노인을 만났을 때, 그들이 화를 내거나 불만을 터뜨리더라도 꾹 참고 이해하도록 하거라. 너도 몸이 피곤하거나 아플 때, 분노와 고통으로 가득 차 있을 때는 다른 사람에 대한 배려심이 없어지지 않니? 노인들은 바로 그런 상태에 있단다. 하지만 그런 행동 뒤에는 어디에서도 찾을 수 없는 숭고한 지혜가 담겨 있어.

아무리 단순하고 평범한 인생을 살았다 할지라도, 모든 노인들은 네가 살고 있는 이 세상을 꿰뚫어보는 눈을 갖고 있어. 과거 그 어느 세대보다 너와 가까운 노인들의 이야기는 네 생명을 관통하여 흐르는 피와 같지. 네가 그들과 얘기를 나눌 때만큼 너와 너를 낳아준 이 세상을 가깝게 해주는 경우는 없단다. 그런 이유 때문에라도 노인을 존경하고 그들의 말에 귀를 기울여야 하는 거야. 서로 시간적으로 연결된 귀중한 관계이니까.

하지만 결코 노인을 동정해서는 안 돼. 많은 사람들이 겉으로는 노인을 배려하는 척하면서, 사실은 아이처럼 보호하려고만 들거나 그들의 능력을 과소평가하고는 하지. 노인이 제 자식이라도 되는 양 목청 높여 노인들을 보호해야 한다고 주장하곤 해. 그런 사람들은 말로는 노인을 존경한다고 하면서 그들의 관심을 하찮게 여기기 일쑤지. '당신은 건강한 인격체가 아니라 나약하고 보호받아야 할 존재'라는 생각을 은연중에 드러내는 거야. 이건 노인을 아예 무시하는 것만큼이나 상처를 주는 행동이란다. 진정한 애정과 존경심은 인간의 인격을 비추는 거울과도 같아. 애정과 존경심을 갖고 노인의 말에 귀 기울이고, 웃고, 대화를 나누고, 그들의 말과 행동을 존중해야 해.

노인들은 투병 중에도 스스로의 존엄성을 지키고 싶어 한다는 사실을 잊지 말거라. 자신의 인생이 가치 있다는 것을, 이 세상에서 보낸 시간들이 결코 헛되지 않았음을 그들은 느끼고 싶어 한단다. 존경심을 품고 노인들에게 순수한 마음으로 다가가서 그들의 경험과 지혜에 귀 기울이는 것은 마음이 할 수 있는 가장 위대한 행동이야. 네가 그것을 할 줄 안다면 단순히 노인을 보살펴야 한다는 의무감이 아닌 그들에 대한 사랑이 느껴질 거야.

노년의 선물에 대하여
About a Present of Senescence

지난주 나는 댄 니드햄이라는 사람을 땅에 묻었단다. 95세로 생을 마감한 그는 레드 레이크 오지브웨족 추장의 순수 혈통을 이어받은 사람으로, 몇 년 전 구전 역사 연구 프로젝트에 참여했을 때 만난 사람이란다. 나는 제자들을 그의 집으로 데려가 그와 대화할 기회를 마련해주고는 했어. 제자들은 거실에 앉아 그의 얘기를 듣곤 했지. 혹시 세대 간의 공감이 이뤄지지 않을까 걱정했던 것이 무색할 정도로 다들 아주 열심히 그의 말을 경청했지. 그는 기억을 더듬으며 할아버지가 수족(sioux)과 전투를 벌인 얘기와 힘겨운 대 공황기를 살아간 인디언들의 이야기를 들려주었어. 몇몇 아이들이 자신의 이야기를 듣지 않고 딴청을 피울 때도 그는 개의치 않았어. 귀로는 듣지 않더라도 마음으로는 듣고 있다고 자신하는 것 같았어.

댄은 언제나 한결같은 태도로 우리를 반겨주었단다. 우리가 찾아가는 날이면 인디언 전통 의상을 차려입고 문밖에서 기다리고 있었지. 피곤한 기색이 역력한데도 최선을 다해 이런저런 이야기를 들려주고 젊은이들의 질문에 성심성의껏 답해주었어. 하지만 잘 들리지 않는 귀로 젊은이들의 말을 들으려고 애쓰는 모습이나, 고령으로 인해 자꾸 집중력이 흐트러지는 것을 참으려는 모습은 참으로 안쓰러울 지경이었단다. 가끔은 금방 했던 얘기를 또 하기도 하고, 한 주제를 너무 오랫동안 끄는 바람에 학생들이 지겨워서 딴청을 부리기도 했지. 하지만 댄은 학생들의 따분해하는 시선을 눈치 채고도 결코 내색하지 않았단다. 기나긴 세월의 무게와 영감을 부드러운 유머로 전해주려고 노력했지.

세상을 떠나기 몇 년 전부터 그의 몸은 급속도로 쇠약해져갔어. 거처를 양로원으로 옮긴 뒤로는 거의 침대에서 나오지도 못했지. 하지만 그는 그토록 악화된 몸 상태를 그대로 받아들였어. 의지로 더 이상 몸을 지탱하기 힘들어지자 미지의 세계에 자신을 순순히 내맡겼지. 죽음의 순간을 그토록 평화롭게 받아들이는 사람을 나는 여태 본 적이 없단다.

그의 죽음에 관심을 기울이는 사람은 거의 없었어. 댄과 같은 세대의 사람들은 이미 다 죽어버렸고, 그의 인생은 추억에 불과했지. 하지만 그는 죽으면서 추억도 같이 가져갔어. 전사였던 그의 할아버지가 전투 중 부상을 입고 말이 끄는 썰매에 실려 왔던 일화를 전하던 그 생생한 눈동자도, 생전 처음 최신 자동차를 타고 드라이브하던 이야기를 할 때 입가에 떠오르던 미소도 모두 가져갔지.

지금은 아이들에게 들려주는 이야기나 책 속의 글자에 불과하지만, 그의 입을 통해 나올 때면 생생하게 살아 움직이던 그 시절의 생활도 가져갔단다. 95년을 살아오면서도 한결같이 순수하고 자연스럽던 그의 존재감도 모두 가져가버렸지. 지혜와 과거에 대한 생생한 느낌도 말이다. 이젠 그 어떤 것도 그것들을 대신할 수 없구나.

그를 찾아갔던 젊은이들이 댄과 함께 사라져버린 이와 같은 것들에 대해 아쉽고 서운한 마음을 품었을지 모르겠구나. 어두운 눈과 검버섯이 내려앉은 얼굴로 두서없이 얘기하던 그에게서 죽음 이상의 것을 그들이 과연 찾았는지조차 나는 알 수가 없어. 그들이 진심으로 댄의 이야기를 들었다면, 또 진심으로 그에 대해 관심을 가졌다면 그가 가진 가치를 알 수 있었을 거야. 하지만 많은 젊은이들은 과거보다 미래의 인생에만 관심이 쏠려 있지.

그 젊은이들 중 그의 장례식에 참석한 사람은 아무도 없었단다. 가야 할 곳도 많고 미래를 향해 달려가기 위해 해야 할 일도 많았겠지. 떠나기 전 댄은 그런 것은 아무것도 상관없다고 말하곤 했어. 죽은 사람은 하루빨리 명예롭게 묻히는 게 좋고 산 자는 자신의 생활에 충실해야 한다고.

그러나 죽은 자가 쉽게 묻히는 것은 아니란다. 그들의 인생은 우리네 인생과 닿아 있고 지금의 우리를 있게 해주었으니까. 우리는 그들이 맨손으로 일구어놓은 세상에서 그들의 존재를 느끼며 살고 있어.

댄을 만난 젊은이들도 언젠가는 이 사실을 알게 될 거야. 그때부터 그들은 댄의 이야기를 살아 숨 쉬게 만들 테고, 댄 역시 젊은이들의 얘기 속에 계속해서 살아 숨 쉬겠지. 그 젊은이들이 자식에게 최신 자동차 모델을 보여줄 때면, 친구들과 그 차를 타고 드라이브하던 댄의 모습을 이야기해주겠지. 또 자식들이 인디언과 백인들이 조약을 맺던 시절에 대해 물어볼 때 댄에게서 들었던 얘기를 해줄 거야. 백인들의 대포가 부족의 캠프를 겨눈 와중에 협상 테이블에 앉아 있었던 댄의 할아버지 얘기를 생생하게 들려주기도 하면서 말이야.

그리고 그렇게 나이를 먹어 자신이 알고 있는 지식을 자식들에게 전할 때가 되면 그제야 이해하게 될 거야. 이야기를 듣지 않고 딴청을 부리던 자신에게 보내준 댄의 미소가 가진 의미를. 먼 훗날 죽음을 눈앞에 둘 때면 댄이 죽어가며 보여준 평온의 힘을 기억해낼 테고, 그 기억은 커다란 용기를 줄 거야. 그때가 되면 그들은 댄의 발밑에 앉아 이야기를 들을 때보다 훨씬 더 가까운 친구로서 댄과 함께하게 되겠지. 댄이 안내했던 지혜의 영역으로 들어가 그 지혜를 자신의 것으로 받아들이게 되는 거야.

노인들과의 관계는 바로 이런 것이란다. 젊은 시절에는 노인들이 자신과 별개의 존재라고 여겨지지만, 그들과 많은 교감을 이룰수록 우리는 더욱 현명해질 수 있단다. 때가 되면 그 진리를 더욱 분명히 알 수 있을 거야. 댄을 방문했던 젊은이들은 그를 만나지 못했다면 절대로 가질 수 없었던 인생의 지혜를 알게 된 거야. 그의 말에 경청하고 그를 관심 있게 바라본 아이는 그렇지 않았던 아이보다 훨씬 더 현명해지겠지.

  댄 니드햄은 죽었지만, 모든 망자들이 그렇듯 그는 우리의 기억 속에 계속 살아남아 깊이 각인되고 인생의 어느 한 귀퉁이에 간직될 거야. 그의 죽음은 슬프지만 그가 살았던 인생은 더할 나위 없는 축복이지. 댄은 우리들에게 과거에 대한 지식 이상의 것을 전해주었거든. 바로 미래를 이해할 수 있는 소중한 지혜를 말이다.

죽음에 대하여 About Death

 죽음은 누구도 설명할 수 없는 미스터리한 현상이지. 탄생이나 사랑처럼 세상 모든 사람이 알고 있고 겪는 일이면서도 그것의 의미나 전조를 분명히 파악한 사람은 아무도 없어. 그저 죽음 직전의 상황을 겪은 사람의 이야기를 듣거나 《티벳 사자의 서》, 《이집트 사자의 서》 같은 종교서 등을 통해 그 현상에 대해 어렴풋이 짐작할 수는 있겠지. 하지만 그중 어떤 것이 진실인지 이 아버지는 분명하게 알 수가 없구나. 죽음은 누구나 혼자서 맞이하는 것이며 또 죽음에 어떻게 준비할 것이냐는 각자 개인의 몫이니 말이야.
 아주 오래전, 개기일식을 본 적이 있었단다. 당시 나는 개기일식을 잘 보기 위해 높은 언덕 위로 올라가 있었어. 막 해가 뜬 이른 아침이었고, 새들은 내 주위를 둘러싼 나무에 맞아 지저귀고 있었지. 아래쪽 언덕으로 풀을 뜯어먹는 소와 키 큰 풀 사이를 오가는 말들이 보였어.

잠시 뒤 드디어 기다리던 순간이 왔어. 태양이 검어지기 시작하자 말과 소들이 그 자리에 우뚝 선 채 조용히 침묵하더구나. 새들도 지저귀지 않았지. 이윽고 해가 달 뒤로 완전히 모습을 감추자 온 세상이 멈춘 것만 같았단다. 소들은 무릎을 꿇고 주저앉았고 새들은 머리를 날개 속으로 파묻었어. 숨어버린 해에서 나온 희미한 코로나가 암흑으로 뒤덮인 세상에 희미한 빛을 던지고 있었어. 바람 한 점 없었고, 아무 소리도 들리지 않았어. 햇빛은 우리에게서 사라져버렸고 거대한 칠흑 같은 암흑의 세상이 된 것이지.

바로 그때, 나는 더 이상 죽음이 두렵지 않다는 느낌에 휩싸였단다. 무아지경에 빠져 우주와 하나가 된 것 같은 기분이 들었어. 그 순간 멀리 떨어진 곳에 계신 삼촌 생각이 나더구나. 그 시기 그분은 죽음을 눈앞에 두고 계셨어. 그분이 느끼실 죽음에 대한 공포와 외로움을 생각하고 있자니, 태양이 빛을 잃은 이 몇 초의 순간을 그분과 함께하고 싶은 아쉬움이 들더구나.

그때의 그 깨달음을 뭐라고 표현해야 할지 모르겠구나. 정말이지 너무나도 신비로운 경험이었단다. 인간의 능력을 벗어난 경지, 죽음과 관계된 무언가에 이른 듯한 느낌이었어. 누구나 결국에는 걸어 들어가야 할 거대한 암흑의 세계를 잠깐이나마 맛본 것 같더구나. 거기엔 인간이 이해할 수 없는 평화가 있었단다. 이후로도 나는 종종 그때를 떠올린단다. 죽음에 대한 두려움이 나를 집어삼킬 때, 몸이 아플 때, 위험에 닥쳤을 때마다 언덕의 정상에서 목격한 하늘과 날개 속에 머리를 파묻던 새들을 떠올리곤 하지. 그 속에서 나는 자아가 완전히 소멸되는 느낌이 들었는데, 조금의 거부감도 느껴지지 않았단다. 그저 거대한 무엇인가에 녹아드는 기분을 만끽하며, 오랫동안 찾아 헤매던 깊은 잠의 세계에 포근히 안기듯 자연스럽게 받아들인 거야.

 내가 겪은 그 경험 속에 어떤 진리가 담겨 있는 것이라면, 우리가 죽음을 부정적으로 생각할 필요는 없는 것 같구나. 인간은 아주 미미한 존재인 반면 죽음은 너무나 거대한 존재이지 않니. 우리가 두려워하는 건 자아가 소멸된다는 것뿐이야. 그림자가 태양을 알듯, 자아는 영원을 알고 있단다. 그래도 죽음의 순간이 마냥 두렵기만 하다면 어쩔 수 없겠지. 또한 죽음을 슬퍼하는 건 아주 자연스러운 일이야. 하지만 죽음 그 자체를 두려워하지는 말거라. 죽음은 축하하기에도, 그리고 두려워하기에도 너무나 거대한 현상이야. 그것은 지난 생애를 두고 우리를 심판할 수도 있고, 우리를 거대한 자연의 리듬으로 이끌고 가 영원한 평화의 세계로 안내할 수도 있단다. 어떤 경우일지라도 믿어야 할 것은 자기 자신밖에는 없을 거야. 지구에서 빛이 사라진 순간 언덕에 서 있었던 그 짧은 순간에 내가 느낀 것은 상실감이 아니었단다. 제대로 표현할 수는 없지만, 무언가를 얻었다는 느낌과 함께 나의 모든 경계가 허물어지는 거대한 평화의 상태로 들어서는 기분이었어. 만일 죽음의 순간이 그와 같다면, 죽음은 두려워할 필요가 없는 거야. 영원하고 거대한 하모니로 들어가는 과정으로 생각하고 그대로 받아들이면 되는 거란다.

 물론 지금 당장은 그 하모니를 들을 수가 없어. 어쩌면 막막하고 공허한 침묵 속에서 공포가 만들어낸 목소리만이 들릴 수도 있겠지. 그래도 흔들리지 말거라. 그 거대한 고요는 실상 비어 있는 것이 아니라 가득 채워져 있는 거란다. 모든 고요는 나름의 소리를 갖고 있어.

 바람 한 점 없는 8월의 하늘에 태양이 무겁게 걸려 있는 지금,

나는 이제 천천히 이 책을 마무리할 준비를 하고 있단다. 지금은 한여름이야. 휴식의 시간, 완성의 시간, 대지 위에 그림자가 길게 드리우는 시간이지. 예전에 난 8월의 노을을 싫어했단다. 8월은 시간을 잃어버린 계절 같았어. 뜨거웠던 여름은 떠날 채비를 하고 겨울의 차가운 바람은 아직 도착하지 않은 시간 말이다. 하지만 지금은 8월이 좋단다. 이 고요한 시간 속에는 지혜가 담겨 있다는 걸 이제는 알고 있기 때문이야. 따스했던 빛은 옅어지고 봄의 약속들은 결실을 맺으려 고개를 숙이고 있구나. 끝을 맺기에 가장 좋은 시간이지.

대지가 계절의 변화를 지켜보듯, 나는 이 자리에 서서 내 인생이 변화하는 경관을 지켜보고 있어. 또한 그 뒤로, 솟구치는 희망과 예리하고 신선한 꿈들을 가진 너와 같은 젊은이들의 봄기운이 전해져온단다. 이 짧은 순간 나는 아버지이자 아들의 존재로 살고 있지. 이 얼마나 좋은 순간인지.

중년은 나를 변화시키는 시기란다. 지금은 내게도 참을성이 많아져서, 인생에서는 들판에서 수확을 기다리는 농작물처럼 기다릴 때도 있다는 사실을 알게 되었지. 씨앗은 서두른다고 꽃을 피우는 게 아니라 때가 되어야 꽃을 피운다는 것도 알게 되었어.

더욱 현명해지기도 했단다. 젊었을 적 품었던 많고 많은 욕망과 꿈들은 단순하고 명료한 진리로 탈바꿈했고, 가진 것이 많지 않아도 따스한 마음 하나로 얼마든지 충만한 행복을 누릴 수 있음을 알게 되었지. 한 여자의 남편, 한 아이의 아버지로서 살기 시작하며 짊어진 짐은 내 마음을 순화시켰어. 그 덕분에 인생의 모든 장애와 난관을 기꺼이 감싸 안을 수 있게 되었지.

무엇보다도 나는 내 자신과 타인에게 더 다정해질 수 있었단다. 이제 친절과 호의가 갖는 진정한 의미를 알게 되었으니까. 사람들과의 만남, 서로 간에 주고받는 따뜻한 시선, 편지 등으로 인해 우리 인생이 헤아릴 수 없는 의미를 만들어낸다는 것을 깨달았어. 내가 그 순간 그곳에 없었더라면, 그 손이 나에게 다가오지 않았더라면, 두려움에 떨며 옴짝달싹 못하고 있을 때 내게 용기가 있었더라면, 용기 있게 나아갈 때 겁을 먹었더라면, '예'라고 하지 않고 '아니오'라고 말했더라면, 돈이 더 많거나 적었더라면 지금의 내 인생은 달라져 있겠지. 그래서 나는 감사한단다. 내가 가질 수 있었던 기회들은 모두 의무가 아니라 선물이었으니까. 물론 하루 종일 비나 햇살을 맞았다 해도, 아무것도 생산할 수 없는 불모지가 될 수도 있었겠지.

인생에서 중년의 시간은 참으로 좋은 계절이로구나. 젊은 시절 느낀 것보다 훨씬 심오한 평화가 여기 이 자리에 있어. 그게 무엇인지 너도 때가 되면 알게 되겠지. 하지만 지금 너의 계절은 신선한 열정의 계절이란다. 그것을 받아들이고 마음껏 축복하렴. 너 자신을 그 계절의 기쁨과 슬픔에 내맡기거라. 어느 들판에서는 꽃이 피고 어느 들판에서는 생명이 죽어가겠지만, 그 이유가 무엇인지는 아무도 알지 못한단다.

아들아, 주위 사람들을 보살펴주어라. 서로의 차이점은 신경 쓰지 말거라. 그들의 꿈도 네 꿈만큼 중요하고 그들의 선택도 네 것만큼 어려운 것이란다. 그리고 베풀어라. 얼마나 가졌든 베풀 수 있는 만큼 베풀거라. 준다는 것은 곧 사랑하는 것이란다. 수확을 얼마나 거둘 것인가보다는 그 수확을 어떻게 나누어 가질 것인가에 더 관심을 기울이거라. 그러면 네 인생은 의미를 가질 것이요, 네 마음은 평화로워질 거야.

바람 소리가 세지는구나. 자작나무는 춤을 추고 꽃들의 향기는 들판을 가득 메우고 있구나. 멀리서 새가 한가로이 지저귀고 있어. 아들아, 살아 있다는 것은 좋은 것이란다. 살아 있다는 건 참 좋은 거야.

아들아, 너는 인생을 이렇게 살아라

2판 2쇄 발행 2013년 3월 25일
지은이 켄트 너번 **옮긴이** 하지연
기획편집 조윤지 **디자인** 최영진

펴낸곳 책비 **펴낸이** 조윤지 **등록번호** 215-92-69299
주 소 경기도 성남시 분당구 야탑동 시그마3 918호
전 화 031-707-3536 **팩 스** 031-708-3577
블로그 blog.naver.com/readerb

'책비' 페이스북
www.facebook.com/TheReaderPress

Copyright ⓒ 2012 켄트 너번
ISBN 978-89-97263-07-3

책값은 뒤표지에 있습니다. 잘못된 책은 구입처에서 교환해 드립니다.

책비(TheReaderPress)는 여러분의 기발한 아이디어와 양질의 원고를 설레는 마음으로 기다립니다. 출간을 원하는 원고의 구체적인 기획안과 연락처를 기재하여 투고해 주세요. 다양한 아이디어와 실력을 갖춘 필자와 기획자 여러분에게 책비의 문은 언제나 열려 있습니다.
이메일 readerb@naver.com